KB121416

엄마가 되기 위해 태어나는 사람은 없다

페미니즘프레임

엄마

엄마가 되기 위해 태어나는 사람은 없다

권혁란 지음

차례

엄마가 되려고 태어나는 여자는 없지만, 어떤 여자들은 여러 가지 이유로 어느 날 엄마가 된다. 아기가 태어나면서 엄마로 태어난다. 두 사람의 탄생. 온 우주를 떠도는 수억의 이야기들이 그날 동시에, 피와 함께 흘러나온다.

엄마에게서 나오지 않은 생명은 없듯, 이 세상에 엄마가 주제이지 않은 이야기는 없다.

성姓

'낳다'라는 동사의 주인을 기록하라

1

아브라함은 이삭을 낳고 이삭은 야곱을

야곱은 유다와 그의 형제를 낳고

유다는 다말에게서 베레스를 낳고

베레스는 헤스론을 헤스론은 람을

람은 암미나답을 낳고

다윗은 우리야의 아내에게서 솔로몬을 낳고

솔로몬은 르호보암을 낳고 르호보암은 아비야를……

(허무하다 그치?)

어릴 적, 끝없이, 계속되는 동사의 수를 세다 잠든 적이

있다

— 최영미, 〈어떤 족보〉

이 시를 읽은 것은 아마도 스무 살 즈음일 것이다.
"허무하다 그치?" 꼭 대답을 바라는 건 아닌 물음표에
맞장구쳤다. 맞아. 허무하다 못해 쓸쓸하고 화난다, 그

치? 아버지가 아들들을 낳았다는 기나긴 기록을 읽는 일. 남자가 남자를 낳았다고, 생산자와 계승자의 이름을 연이어 읽게 하는 뻔뻔한 일. 정작 아이를 낳은 엄마는 '아내에게서'라고만 나오네. 여자 몸'만' 빌려 남자가 낳았다고 도구의 근원을 밝혀 놓았네, 성스럽게도. 딸은 없었고? 그 아내라는 도구는 여자는 낳지 않았나 보네. '~에게서'의 용법을 찾아보니, '어떤 행동의 출발점이나 비롯되는 대상임을 나타내는 격 조사'라고 나온다.

으응? 몇 살 때였나. 또 기막히는 시조 하나를 배웠다. "아버님 날 낳으시고 어머님 날 기르시니 두 분 곧 아니시면 이 몸이 살았으랴. 하늘 같은 가없는 은덕을 어디에다 갚으랴."

정철은 아버님 날 낳으시고 어머님 날 기르신다고 썼다. '낳다'는 배 속의 아이, 배 속의 새끼, 배 속의 알을 몸 밖으로 내놓는다는 뜻이잖아? '낳다' 동사 행위의 주인은 여자, 암컷의 일인 것을 하늘도 알고 땅도 알고 너도 알고 나도 아는데, 아버지들이여, 남자들이여, 그 동사가 그렇게도 갖고 싶었어? 꼭 그렇게 쓴, 그런 문장을 기어이 '낳고' 싶었어? 대답 못 할 죽은 아버지들에게 묻는다. 아무리 의학이 발달했어도 여전히 아이를 '낳는' 것은 생명을 걸어야 하는 극한 행위라고 한다.

———

산고産苦는 여자만이 아는 일, 그것을 겪고 싶었어?

시인 김승희는 페미니스트 여성 시들을《남자들은 모른다》라는 앤솔로지에 묶으면서, 최영미의 시 뒤에 이렇게 썼다.

끝없이 아버지가 아들을 낳는, 가부장 중심주의의 이 이상한 족보. 그 앞에 최초로 의문을 던지는 이 놀라운 여성 시인을 보라. 성서가 보여 주는 이런 부권제의 신화 속에서는 우리 살과 피의 원초적 모태인 '어머니'는 단순한 물질로 격하된다.

여자는 제 피를 나눠 아기를 만들고 몸을 갈라 낳았으니 그 자명한 사실에 굳이 주인을 만들 필요가 없었다. 인장을 찍고 기록하지 않아도 되었다. 저 아기는 내 것이라고 피의 흐름에 명토 박을 이유가 없었다. 부와 모가 합해 아기를 만드는 것은 만고 틀림없는 일. 아버지가 생명 창조에 기여한 것은 명약관화다. 그토록 확실한 탄생에 남자의 기여도를 표현하기 위해 음양오행까지 불러와 기어이 '낳다' 동사를 가져가는 건 두려워서일까. 음양, 음은 땅, 양은 하늘. 음은 어머니, 양은 아버지. 하늘은 만물을 만들어 내고 땅은 그것을 기르는

—

게 음양의 섭리. 아버지는 하늘이니 낳으시고, 어머니는 땅이니 기르신다, 표현한 것은 떡 먹듯이 잘 알겠다. 그런데 '낳다'라는 동사를 자기 것으로 갖고 싶은, 낳지 않은(못한) 남자들은 피의 흐름의 원주인을 굳이 증거로 내보이고 싶어 '성姓'이라는 가계도를 만들어 냈다.

姓이라는 한자를 슬쩍 살펴보면 여자 여(女)와 날 생(生)이 한 몸으로 붙어 있다. 간단히 파자破字해 봐도 여자가 생명을 낳는 것이다. 무언가를 낳는 것은 여자의 일임이 하도 명확해 덧붙일 말이 없다. 남자는 어쩔 수 없어 발가락이라도 닮았다며 생산물에, 아기에게 자신의 성을 갖다 붙였다. 나도 생명 창조에 일조했노라 말하려다 본질을 넘게 되었다. 우리는 모두 어머니에게서 태어나 아버지 성을 붙인 이름으로 호적에 올랐고, 그 성과 이름으로 태어나 숨을 받은 삶을 살기 시작했다. 여자인 사람은 낳기만 하고 족보에 기록되지 않았다.

2

이이효재, 조한혜정, 오한숙희, 고은광순, 이유명호, 전한주원, 김유우주, 서정민갑, 권김영혜, 박강아름 등등 본래 아빠 성 포함 두 글자 이름 합해 세 글자의 성명을 가졌던 이들이 네 글자 이름을 사용하기 시

—

작했다. 1990년대 말, 2000년대 초의 일이었다. 이름하여, '엄마 성 함께 쓰기' 운동. 지금은 폐지되어 거의 전설 아니, 설화처럼 되어 버린 호주제가 그때는 시퍼렇게 살아 있는 중이었다. (호주제는 한국 사회의 가부장 의식과 악습을 제도적으로 뒷받침하는 여성 차별적 제도라는 비판 끝에 폐지를 위한 민법 개정이 추진되었고, 2005년 3월 민법 개정안이 국회 본회의를 통과, 마침내 2008년 1월 1일부터 역사 속으로 완전히 사라졌다.)

태어나기만 하면(아이러니하게도 '태어나다'라는 의미의 태胎 역시 아이 밸 태, 여자의 몸에서 나오다, 라는 뜻이다) 자동적으로 아빠 쪽 성이 주어지는, 몇백 년이나 이어져 온 부성 우선 제도의 전통에 균열이, 균열이라기보다 새 움직임이 시작된 거였다. 현재 성에 전혀 드러나지 않는 현생의 엄마 성을, 원래 붙어 있던 아빠 성에 더하여 부르는 방법이었다. 아직은, 상징적인 운동이었으므로 엄마 성을 이름 앞에 붙이든가 아빠 성 뒤에 붙이든가, 음운에 맞춰, 음률에 맞춰 부르기 좋게 만들면 되었다. 부모 성 함께 쓰기, 또는 엄마 성 함께 쓰기 운동의 취지에 따라 엄마 성을 붙이면 물처럼 자연스러워지는 이름도 있었고 없던 기운을 가진 것처럼 강건하게 보이는 사람도 있었다.

어차피 엄마 성을 붙인다 해도 엄마의 아빠 성을

—

15

딴 것 아니냐? 어머니 성을 써 봤자 결국 외할아버지 성을 쓰는 것 아니냐? 이래도 저래도 부계 쪽 성이니 무슨 의미가 있느냐! 엄마 성 아빠 성 둘 다 써서 두 글자 성을 갖게 되었다면 그녀가 결혼해서 낳은 아이 성을 쓸 때는 두 글자에 남편 성을 더해 세 글자, 또 그 아이가 커서 아이를 낳게 되면 네 글자, 그렇게 성의 글자 수를 계속해서 늘려 갈 셈이냐? 어차피 공적인 자리에 사용되지도 못하고, 공식으로 기록되지도 못하는데 무용한 일이지 않나.

말들이 많고 비아냥거리는 소리가 시끄러웠다. 하지만 '나를 낳고 길렀으나 지워진 엄마 성을 드러내고 밝혀 함께 쓰겠다'는 자발적인 의지이자, 공고한 원칙을 고찰해 보기 위한 상징적인 운동이므로 그걸 신경 쓸 필요는 없었다. 비웃고 화내고 공연히 트집 잡는 이들은 대개가 가부장제 수호자인 어르신들이었다. 호주는 한 집안의 가장을 말하고 호주는 남자로만 이어졌다. 할아버지에서 아버지, 아버지에서 큰아들, 다시 큰손자로. 어머니와 다른 자식들은 호주의 아래 가지에 속했다. 여성들은 결혼 전에는 아버지의 호적에, 결혼 뒤에는 남편의 호적에 들어가야만 했다. 남편이 죽은 뒤에는 큰아들이 아무리 어려도 호주가 되었다.

그런데, 아시는지. 의외로 조선 시대의 호적은 남

—

성 가부장 중심이 아니라 부부 중심이었다. 남편 가족과 아내의 가족을 4조(祖)까지 함께 적었다. 자식이 따로 살게 되면 호적도 따로 만들었다. 뿐만 아니라 한 가정에서 남편이 죽으면 아내가 집안을 대표하기도 했다. 말하자면 호주제는 어르신들이 그토록 숭상하는 우리 전통에도 어긋나는 거였다. 이는 일제강점기에 생긴 제도다. 조선인을 쉽게 지배할 속셈으로 호주인 아버지에게 모든 식구들을 포함시킨 것. 이런 연유로 만들어진 제도를 우리 고유의 전통이라고 우기면서 지켜 온 셈이다. 더구나 이혼한 여성은 자녀와 같은 호적에 없으므로 법률로 '어미 모'라는 것을 인정받지도 못했다.

네 엄마 성은 뭐야? 그 시절 페미니스트 저널에서 일하고 있었으니, 당연한 것처럼 사람들은 내 엄마 성을 물어보기 시작했다. 그때쯤 엄마 성 함께 쓰기를 실천하는 페미니스트들은 TV나 신문 매체에도 두 글자 성을 기재했고, 매체에 네 글자 이름을 정확히 적어 달라고 요구하곤 했다. 진보적인 매체에서는 다들 그렇게 표기했고 우리 잡지에도 엄마 성 함께 쓰기 이름으로 적고 있었다. 나 역시 나를 낳은 '엄마'를 떠올리고 지워졌던 엄마의 성을 불러내는 움직임을 따르려고 마음먹었다. 어릴 때부터 안동 권씨 몇 대 손, 항렬은 어떻고

하는 얘기를 귀에 못이 박히도록 들었으나, 엄마 성에
대해선 아무것도 몰랐다. 아빠 성은 권, 엄마 성은 김.
이름은 혁란. 그러니 부모 성을 함께 쓰면 권김혁란 혹
은 김권혁란이 되었다. 결론적으로 나는 그 이름을 한
번도 사용하지 않았다.

엄마 성을 쓰지 않아도 권, 혁, 란, 내 이름은 가뜩
이나 한 글자마다 발음하기 어려웠고 쓰기도 어려웠다.
한글은 물론 영어로 써도 어려웠고, 한자는 획순이 복
잡했다. 운동의 취지에는 적극 찬성했지만 각개전투의
현장에서는 결국 실천하지 않은 셈이다.

아이를 둘이나 낳았으나, 내 아이들 역시 내 성을
따르지 않았다. 아빠 성, 황씨를 따라 이름을 지었다.
애초부터 내가 낳은 것이 불처럼 분명하니, 내 성을 따
르지 않아도 딱히 아쉬운 마음이나 억울한 마음이 들지
는 않았다. 딸아이들도 나와 마찬가지로 엄마인 내 성
을 함께 쓰게 되면 운율이 투박하고 발음이 부드럽지
않았다.

엄마는, 여자는, 아이 생김새가 자신과 생판 달라
도 제 자식인 것을 아니까. 성에 집착하는 건 남자 쪽이
지 여자는 아쉬울 게 없다. 그렇게만 생각했다. 법적 배
우자가 아닌 남자와의 사이에서 낳은 아이를 제발 호적
에 올려 달라 사정하는 여자가 있다는 것, 엄마가 사별

—

18

이나 이혼 후 재혼한 남자 성이 달라 아빠와 다른 성으로 사는 아이들의 설움이 한으로 쌓인다는 것, 비혼인 채 홀로 낳은 아이에게 어쩔 수 없이 아빠 성을 붙여 키워야 하는 여자의 설움을 알면서도 그랬다. 태어나자마자 듣기만도 고통스러운 유복자遺腹子나 사생아私生兒로 낙인쩍힌 채 성이 다른 아빠와 살면서 온 생이 헝클어지는 이들을 보면서도, 그랬었다.

호주제가 폐지되면 가족의 위계와 위상이 땅에 떨어지고 도덕과 전통이 깨지고 무너진다고, 그런 꼴을 두 눈 뜨고는 못 보겠다고, 눈에 흙이 들어가기 전에는 용납할 수 없다고 핏대 세우던 남자들, 상투에 갓 쓰고 도포 자락 휘날리며 목숨이라도 걸겠다며 시위하던 유림의 수호자들은 가뭇없이 사라졌다. 어느 남자도 호주제가 폐지되었다고 자결하지는 않았다. 호주제 폐지된 후에 가족의 질서와 위계가, 전통이 무너지고 인륜의 도가 떨어졌다며 통탄해하면서 울부짖은 남자도 없었다.

명은이 성을 바꾼 것은 호주제가 폐지되자마자였다. 그렇게까지 해야 하느냐고 다른 가족들은 이해하지 못했다. 흘러간 일은 흘러간 채 두면 되지. 달래듯 말했었다. 가족들의 오해를 풀지 못했지만 그 세월이 지나도록 아버지에게 화를 내느라 그런 것은 아니었다. 그냥 그러고 싶어서였다.

2020년 출간된 정세랑의 소설《시선으로부터,》의 한 대목이다. 이제 세상은, 아빠 성을 따서 붙인 이름으로 불리다가 엄마 성으로 바꾸는 것이 '그냥 그러고 싶어서'일 정도로 변한 것이다. 성을 바꾸는 것이 뭐 대단한 일이 아니게 바뀐 거였다. 부계의 대를 잇는 것만이 유의미한 피의 기록이었던 날들은 조용히 지나간 거였다. 아이를 낳는 주체의 선선한 드러냄이 아주 쉬워진 거였다. 행위의 주체가 그냥 그러고 싶어 그럴 수 있는 것이 '성을 가는' 이벤트인 거였다. 전통과 도리와 천륜과 인륜을 어기는 크나큰 일이 아니라.

3

이제 아빠 쪽 성을 따르는 것은 남아 있는 관례일 뿐, 아이 성을 선택할 수 있는 큰 변화가 생겼다. 자녀 열 명을 낳아도 홀로 다른 성이었던 엄마가 "내 편이 생겼다" 환호하며 아이에게 자기 성을 물려줄 수 있게 되었다.

비혼모가 혼외 자식을 낳아 놓고 제발 '입적'시켜 달라고, 부계 성을 붙여 달라고 빌어야 했던 시절은 지

—

나갔다. 엄마 성 함께 쓰기를 하면서 상징적으로나마 엄마의 존재와 위치를 드러내려고 운동하던 시절도 오래전 일이 되었다. 이제는 아이 성을 부와 모 가운데서 선택할 수 있다. 심지어 아이를 같이 만들기만 하고 양육의 책임을 같이 하지 않으면 '배드 파더스Bad Fathers' 명부에 올려 고발하는 세상이 되었다. 제 성을 붙인 아이에게 최소한의 적절한 일을 하라고 말이다. 트위터에만 가도 이런 글들이 부지기수다.

> 비혼, 비출산이 최선이긴 하지만 혹시 결혼하실 여자분들, 절대 남자 성 물려주지 마세요. 이게 진짜 치욕이에요. 도대체 나도 돈 벌고 내가 열 달 품어 낳은 자식 어차피 내가 육아도 더 많이 할 거, 왜 남자 성을 물려줍니까. 여자 성 물려주는 것, 100% 합법입니다. 권리 포기하지 마세요.
>
> — @rndnjsdmstpfvm

하지만, 엄마 성을 물려주고 엄마 성을 붙여 이름을 짓는 것이 그렇게 녹록지 않다는 것을 알게 되었다. 호주제가 폐지된 뒤 엄마 성을 아이에게 주는 것이 간단한 법적 절차를 밟으면 되는 식으로 알려져 있지만, 실제로는 그렇지 않다. 엄마 성을 물려주기 위해서는 혼인신고를 할 때 새로 생긴 4번 항목에 체크해야 한다. 아이를 낳은 후가 아니라 혼인신고 할 때 미리 결정해야 한다는 말이다. 2021년 현재, 혼인신고서 양식(양식 제10호)을 찾아보았다.

　　1번은 혼인 당사자(신고인)의 이름과 출생연월일, 주민등록번호와 등록 기준지 주소를 쓰는 칸이다. 남편(부)과 아내(처) 칸이 따로 있다.

　　2번은 부모(양부모)의 성명, 주민등록번호, 등록 기준지 주소를 써야 한다. 부와 모의 칸이 있다. 3번이 따로 한 칸, 외국 방식에 의한 혼인 성립 일자를 년 월 일로 쓰게 되어 있다.

　　4번. 성, 본의 협의/ 자녀의 성, 본을 모의 성, 본으로 하는 협의를 하였습니까?

　　예/ 아니요.

　　5번. 근친혼 여부/ 혼인당사자들이 8촌 이내의 혈족 사이에 해당됩니까?

　　예/ 아니요.

　　6번은 기타 사항, 7번은 증인 두 명의 이름과 주소를 적게 되어 있다. 8번은 동의자 남편의 부모, 아내 부모의 서명, 후견인의 이름과 주민번호를 적게 되어 있다. 9번은 신고인 출석 여부를 확인하는 항목으로 1)남

—

편(부) 2)아내(처) 칸에 체크하도록 되어 있다. 10번은 제출인 성명과 주민등록번호를 기재하도록 되어 있다.

그 아래 허위 신고 등은 형법에 의하여 처벌 운운하는 안내 글이 있고, 점선 아래 통계법에 의거해 인구 동향 조사 항목이 있어서 실제 결혼 생활 시작 날짜를 적어 동거 시작 일을 적어 두게 되어 있다. 그뿐인가. 혼인신고 할 때 남편과 아내의 초혼, 사별 후 재혼, 이혼 후 재혼 등에 체크하게 되어 있고, 최종학력 항목에는 학력 없음에서부터 대학원 이상까지 마련되어 있어 그중 하나를 체크해야 한다. 맨 마지막은 남편과 아내의 직업 항목이다. 관리직, 전문직, 사무직, 서비스직, 판매직, 농림어업, 기능직, 장치 기계 조작 및 조립, 단순노무직, 군인, 학생 등이 있고 가사, 무직은 한 항목에 묶여 있었다.

그러니까! 2021년 현재, 갓 결혼한 신혼의 부부가 혼인신고를 하러 구청에 가면 저 양식에 맞춰 빼곡히 개인 신상 정보를 적어 넣어야 한다. 세상이 좋아졌다고? 여자들이 예전과 비교할 수 없을 만큼 살기 좋은 나라가 되었다고? 이제 억압이니 차별이니 하나도 없다고 하는 현재 상황이다. 4번 조항을 보면, 자, 이렇게 엄마 성을 따를 수 있는 선택권을 처음부터 주잖니? 예,

—

아니요 둘 중에 하나를 고르기만 하면 되잖니? 체크만
하렴, 하면서 떡 들이미는 식이다. 아빠 성을 따르는 것
은 물어볼 필요조차 없는 원칙이므로, 저 항목은 엄마
성을 따르기로 마음먹었을 때에만 체크하는 항목인 셈
이다. 결혼은 했다 해도 아이는 안 낳기로 약속했을 부
부도 있을 텐데, 굳이 갓 결혼해서 부부로 살겠다, 신고
하러 온 사람들에게 저 항목에 예, 아니요 대답을 체크
하게 한 것은 또 다른 협박의 종주먹인 것만 같았다.

2020년 6월 18일 한겨레신문에 "아이 없는데 혼
인 신고 때? 갈 길 먼 엄마 성 따르기"라는 제목의 기사
가 실렸다. 기사에는 여러 이유로 아이에게 자신의 성
을 물려주고자 하는 여성들이 등장한다. 선다혜 씨는
결혼한 지 1년이 지나도록 혼인신고를 하지 못했다. 4
번 조항에 대해 남편과 협의를 이루지 못했기 때문이었
다. 부부가 협의를 마쳐도 난관은 남아 있다. 4번 조항
에 '예'라고 표기해도 엄마 성을 주려면 '협의서'를 따로
작성해야 한다. 박은애 씨는 4번 조항에 '예'라고 체크
했더니 "구청에서 '잘못 쓰셨다'고 하더라"면서 이렇게
말했다.

엄마 성을 따르는 거 맞다고 하니 난리가 났죠. 한 번도

—

이렇게 신청한 사람이 없었대요. 왜 혼인신고서에 체크하게 만들어 놓고 협의서를 따로 써야 하나 싶기도 했어요. 진입장벽이 너무 높게 느껴졌어요. 과연 출생신고도 아닌 혼인신고를 앞둔 연인이 이 문제를 제대로 논의할 수 있을까 싶기도 하고요.

오랫동안 부성주의 원칙을 폐지해야 한다고 목소리를 내 온 양현아 서울대 법학전문대학원 교수는 "현행 제도는 여성인 조상이 후손에게 아무런 흔적을 남길 수 없게 만든 것일 뿐 아니라 여성의 가족구성권, 성적 자기결정권, 재생산권까지 제한받도록 한다"고 지적했다. 여성이 임신과 출산을 할 때 '법적인 아버지'를 반드시 필요로 하게끔 유도함으로써 남성에게 의존할 수밖에 없는 관계를 형성한다는 설명이다. 양현아 교수는 "부성주의 원칙은 인간답게 살 권리를 침해하고, 여성이 혼자 가구를 구성할 때 차별과 낙인을 재생산하고 있다"며 "혼인신고 때 어느 성을 따를지 결정하도록 한 지점도 함께 바꿔야 할 것"이라고 강조했다.

"그런 법이 어디 있어?"
이야기의 앞뒤가 안 맞을 때, 논리적으로 말이 되지 않을 때, 진행 절차가 도무지 맞지 않을 때 우리는 억울한 마음으로 '법'을 들어 그 합리성과 적합성을 따져 묻는다. 민법 제781조 제6항은 "자의 복리를 위하여 자의 성과 본을 변경할 필요가 있을 때에는 부, 모 또는 자의 청구에 의하여 법원의 허가를 받아 이를 변경할 수 있다"고 규정하고 있다. '그런 법'이 여기 있었던 거였다. 아이를 낳으면 부성을 물려주는 것이 불 보듯이 당연할 때는 법조차 없더니 엄마 성을 물려주려면 이래라저래라 하는 법을 만들어 놓은 것이다. 자녀에게 아빠 성과 본을 부여하는 건 물어볼 필요조차 없는 '원칙'이 되고 어머니의 성, 본을 주는 건 '예외'가 된 이 상황이 왜 평등하지 않은지 그것부터 따져 물어야 한다. 모계를 따를 수 있는 권리를 주는 것이 또 다른 남자, 외할아버지의 성을 물려주자는 뜻이 아니다. 워낙 오랫동안 부계 중심이었기 때문에 이런 소리가 나온 것이다. 어머니의 성을 따르는 것이 2대 이상 이어지면 엄마의 엄마 성을 따르는 모계 성본주의가 가능해진다. 그러니까 지금부터 시작해야 한다는 말이다. 빼도 박도 못하게 공고했던 부계 성본주의의 의도를 백일하에 드러내는 작업이 모계 성본주의인 것이다.

민법 781조 6항은 법원의 허가를 받아 자녀의 성, 본을 변경할 수 있도록 해 주었지만, 아이러니하게도 현실에서는 여성이 다른 남성과 재혼해서 자녀의 성이 재혼한 남성의 성과 다르게 되었을 때 계부의 성과 일치하게 만들기 위해서 성을 바꿀 수 있는 선택지로 여겨진다. 엄마가 제 자녀를 데리고 재혼할 경우 자녀 성을 '같이 만들지도 않은' 남자의 성으로 바꿈으로써 자녀가 아빠와 다른 성을 가진 불편을 겪지 않게 하는 제도로 이용되는 셈이다. 기막히는 배려다. 우습고도 무섭지 않은가. 재혼할 때 아이의 새아빠가 될 대상이 이전 남편과 같은 성씨라면 바꾸지 않아도 된다는 것이. 눈 가리고 아웅 하는 그런 법이란 것이.

이혼율이 가파르게 상승하는 요즘도 이혼한 여성이 자녀의 성과 본을 자신의 성과 본으로 바꾸고 싶어하면 법원은 엄마인 여자에게 '당신은 앞으로 다시는 재혼하지 않을 것입니까?' 묻는다고 한다. 부계 성본주의를 원칙으로 삼다 보니, '엄마 성으로 바꿀 거면 앞으로 재혼도 하지 말라'는, 으름장이나 다름없는 질문을 아무렇지도 않게 던지는 것이다. 한 번 하는 결혼마저 선택하지 않는 이가 대다수가 된 요즘, 두 번째 결혼하는 이들이 얼마나 많은지, 그러니까 재혼율이 어떤지는 모르겠으나, 그야말로 '현대판 수절'의 메시지 아닌가. 어떤 남자도 아이를 데리고 재혼할 때 새로 결혼할 여성과 자녀의 성이 달라서 고민할 필요가 없다. 어떤 법이 남자에게 '당신은 재혼하지 않을 생각입니까?'라는

—

질문도 아닌 추궁의 말을 던지겠는가.

　혹여 내 딸들이 결혼을 하게 된다면 혼인신고를 하는 날, 자신의 성을 주겠다는 4번 항목에 체크하게 될까. 그래 봐야 아빠 성을 물려주는 셈이니 나의 성 권씨는 그림자조차 드리워지지 않을 것이다. 내가 목숨 걸고 낳은 것이 너무나 확실해서 그까짓 성 따위 주지 않아도 괜찮다고 슬쩍 물러난 세월이 씁쓸하다. 말소. 리베카 솔닛의 말이 떠오른다. "나는 그 말소에 대해서 많이 생각한다. 아니, 그 말소가 자꾸 모습을 드러낸다고 말해야 옳을지도 모른다." 아이를 둘이나 낳고도 이 집에서 나 홀로 권씨. 그나마 나의 성도 부계 내림이다. 나의 성에는 내 엄마가 지워져 있다. 내 엄마의 성에는 내 할머니가 지워져 있다. 그렇게 위로 갈수록 흔적들이 지워진다. 돌연 소름이 돋는다. 오랜 세월 이어져 온 부성 중심의 가계도가 얼마나 많은 여자들을 지워 왔는지 눈을 감고도 환히 펼쳐진다. 보이지 않던 투명한 가지들이 끝도 없이 뻗어 나간다.

　당신의 어머니를 지우고, 두 할머니를 지우고, 네 증조할머니를 지우라. 몇 세대를 더 거슬러 올라가면 수백 명이, 나중에는 수천 명이 사라진다. 어머니들이 사라지고, 그 어머니들의 아버지들과 어머니들이 사라진다. 점

—

점 더 많은 삶들이 세상에 살지 않았던 것처럼 사라지면서 숲이 나무로, 그물이 직선으로 다듬어진다. 혈통이나 영향이나 의미의 내러티브를 단선적으로 구성한다는 것은 그런 것이다.

　— 리베카 솔닛, 《남자들은 자꾸 나를 가르치려 든다》

돈

눈물을 멈추게 하는 건 돈밖에 없거든

1

C'est tout. 이게 다예요. 프랑스어는 잘 알지도 못하면서 단호한 두 음절의 생김새가 마음에 들었다. 프랑스어 사전을 열어 발음을 들어보았다. 세 뚜. 왠지 무뚝뚝하게 느껴지는 맺음 발음. 이게 다예요. 마르그리트 뒤라스의 마지막 작품 제목이다. 이게 다예요. 세 뚜, 사전에는 열거의 끝 혹은 단호한 선언을 표현한다, 라고 쓰여 있었다.

이게 다예요, 남아 있는 것은. 이게 다예요. 더는 없어요. 나는 이제 세상에 존재할 수 없으니까. 사랑의 주제를 죽음의 순간까지 가지고 가는 작가. 사랑과 죽음을 동일 선상에 놓을 수 있는 작가. 마르그리트 뒤라스의 글들을 읽었으나 기억에서 사라지고 이게 다예요, 두 마디만 남았다. 그래서 모든 마감 후에, 끝맺음 후에, 자꾸, 세 뚜, 이게 다예요, 중얼거리곤 했다. "나는 당신에게 말하고 싶었지요. 당신을 사랑한다고. 그렇게 외

—

치고 싶었지요. 그게 다예요." 뒤라스는《이게 다예요》
를 끝으로 일 년 후, 1996년 3월 3일, 이 세상을 떠난다.
나는 이 책을 하필이면 엄마가 죽은 후에 읽었다. 엄마
의 유품을 앞에 놓고 "이게 다예요……" 읊조렸다.

　　방바닥 요때기 밑에 300만 원, 우체국에 연금 70만
원, 새언니가 찾은 노인연금 70만 원, 처분할 때 모두의
도장이 필요한 엄마 명의로 된 농사용 지프차, 요양사
에게 맡긴 3만 원, 팬티나 사 입어, 기름이나 넣어, 애기
들 양말이나 사 줘, 하면서 내 뒷주머니에 슬쩍 찔러 준
5만원, 직접 오려 붙인 종이꽃 몇 송이, 오래된 크림과
로션, 팔찌 만들다 남긴 낚싯줄 한 뭉텅이. 이게 다예요.
엄마가 남긴 것. 나는 적었다. 요때기 밑에 300만 원은
엄마의 착각이었고 연금은 장례 비용으로 썼다. 지프차
는 폐차 처분했고 엄마가 준 돈으로 산 팬티와 양말은
낡고 해져서 버렸다. 이게 다예요. 엄마가 떠나면서 남
긴 것. 세 뚜. 어쩜 한 여자 살다 간 자리가 이렇게 씻은
듯이 가난할까.

　　오랜만에 집에 가면 엄마는 우리 얼굴을 보고 짧게
반색하고는 이내 돌아서 방으로 들어가 문을 닫았다.
뭘 하나 슬쩍 들여다보면 돈을 세어 보고 있었다. 팬티
에 만들어 붙인 속주머니에서 꺼낸 것, 베갯잇 사이에

말아 넣은 것, 서랍 속에 꿍쳐 둔 것, 내 사진이 나온 책 속에 끼워 두었던 돈들을 세심하게 꺼내어 한 장 한 장 세어 보고 있었다. 그 몰두의 정수리와 등허리의 윤곽을 뭐라고 표현해야 할까. 혹시나 잃어버리거나 도둑맞을까 봐 여기저기 분산해 놓은 돈들이 어디서 온 것인지 엄마는 말해 주었다. 작은동서가 10만 원, 작은아들이 10만 원. 사촌 조카가 20만 원이나 주고 갔지 뭐니? 자랑스러운 표정으로, 들어 알고나 있으라며 하나도 빠짐없이 말해 주는 걸 나는 듣기 싫어했다. 자신에게 돈을 준 사람의 마음을 재어 뼈에 새기고 있는 모양이 궁상맞고 짜증스러웠다. 그렇게 모아 둔 돈을 엄마는 다시 헤쳐 모아 우리가 들어오는 순간부터 머릿수 헤아리고 용처를 면밀하게 따진 뒤 이건 누구 거, 저건 누구 거 하면서 나누어 놓았다. 사위에겐 자동차 기름값으로, 내 큰딸은 컸으니 만 원 더, 작은딸은 만 원 덜, 막내딸인 내게는 이제나저제나 속옷값으로. 엄마는 종종 돈계산을 하느라 한참을 방에서 나오지 않았다. 여기 얹었다가 저기 얹었다가, 오래 분주했다.

엄마는 돈을 좋아했다. 누군들 안 그렇겠냐마는. 엄마가 그렇게 좋아했으나 정작 소유했던 돈은 총액수를 다 따져 봐도 얼마 되지 않아서, 돈을 좋아하는 사람이라는 평가가 민망했다. 처음으로 내가 돈을 벌었을

—

때 엄마에겐 누런 순금반지를, 아빠에겐 보청기를 사 드렸다. 엄마가 매번 내 중학교 동창 이름을 들먹이며 "그 애가 취직을 해서 자기 엄마 금반지를 해 줬다"는 얘기를 십 년 넘게 들은 후였다. 석 돈짜리였던가. 엄마는 그 순금반지를 남들에게 자랑하느라 밭일할 때조차 손가락에서 빼지 않았다. 어쩌면 손마디가 너무 굵어져 못 뺀 걸 수도 있겠다. 일 년이 지나서였나, 이 년이 지나서였나. 순금이 닳는다는 걸 그때 알았다. 손가락에 끼워진 금반지가 실처럼 가늘어진 것을 엄마가 보여 주었다. 무엇을 잃으면 그렇게 애달픈 표정이 생겨날까. 비누칠해 겨우 빼 가지고 금방에 가서 한 돈인가를 더 해 새 반지를 만들어 드렸다. 그 금반지는 어디로 갔을까. 돌아가실 때까지 엄마 손가락에서 금반지를 본 기억이 없다. 일을 하느라 닳은 무릎뼈나 고관절처럼 조금씩 닳고 닳아 땅으로 스며들어 사라졌나. 모르겠다.

2

안방 천장에 만 원짜리 한 장을 퍼렇게 붙여 놓고 살던 시절이 있었다. 《시크릿》이라는 책을 읽고 나서였다. '수 세기 동안 단 1%만이 알았던 부와 성공의 비밀'이라는 부제가 붙어 있는 책이다. 끌어당김의 법칙, 간절히 원하면 이루어진다는 '첫 번째 시크릿'에 밑줄을

—

긋고 난 후였다.

아주 부자인 적은 없었으나 정말 가난한 적도 별로 없던, 그럭저럭 먹고살 만한 살림살이를 꾸려 왔다. 하지만 그 당시엔, 생각지도 않은 빚에 쪼들리고 있었다. 내가 사용한 적도, 꾼 적도 없는 빚이 여기저기 쌓여 갔다. 내 성격을 말하자면 단 한 푼이라도 남에게 빚지고 사는 걸 죽도록 싫어하는 사람이다. 혀 굳은 소리로 돈을 얻어 쓰는 건 꿈에서라도 꺼리는 일이었다. 차라리, 돈이 없으면 하고 싶은 일을 못 하는 걸로, 사고 싶은 걸 안 사는 걸로, 먹고 싶은 걸 먹지 않는 걸로, 일을 벌이지 않는 편으로 도모했으면 했지 누군가에게 돈을 빌리거나 은행 등에서 돈을 얻어서, 통장의 마이너스 대출이나 카드 서비스를 받아서까지 생활을 영위하는 걸 꿈에도 원하지 않았다. 그런 생활을 원하는 사람이 어디 있으며, 벼랑 끝 절박한 상황에 내몰리는 사정을 내가 짐작이나 할 수 있겠냐마는. 굶어 죽는 게 아닌 바에야 남에게 손 벌리는 일만큼은 가급적 피하고 싶었다는 말이다.

사치랄 것도 허영이랄 것도 없이 살아왔는데, 같이 사는 사람 이름 앞으로 월급 압류, 최고 서류 같은 것들이 날아왔다. 심정적으로 쪼그라들고 오므라들어서 옴치고 뛸 수가 없었다. 그래. 내게로 오는 것들은 모두

—

내가 끌어당기는 거라잖아. 좋은 걸 끌어당기면 좋은 것이, 나쁜 것을 끌어당기면 나쁜 것이 온다잖아. 원하는 것을, 필요한 것을 이미지 트레이닝을 해서 끌어오라는 거잖아. 결핍된 것을 자꾸 생각하지 말고 원하는 것을 불러들이라잖아. 책 내용이 복음처럼 느껴졌다. 미신이라도 믿고 싶었다.

부모의 재정 사고에 덩달아 불안증에 걸린 아이들이 어린 맘에도 집이 망하는 건가, 파산하는 건가, 두려워했다. 그때 밑져야 본전, 마인드컨트롤 삼아 천장에 테이프로 붙여 놓게 된 거였다. 밤에 잠들 때마다 안경 벗은 흐린 눈으로나마 돈을 끌어당겼다. "나는 지금 돈을 잃을까 걱정하는 것이 아니다. 나는 내 쪽으로 돈을 끌어당기고 있다. 그러니 와라, 돈아." 그렇게 믿으며 한 십 년 동안을 살았다. 철석같이 믿었다기보다는 그것 말고 달리 할 수 있는 일이 없어서였다.

가계에 구멍이 생기기 전까진 전생에 집 없는 노숙자였나, 아니면 99칸 대궐집 누리던 정경부인이었나, 나만의 공간을 찾아다녔다. 책도 영화도 자기 공간을 만들고 찾아가는 이야기만을 좋아했다. 입만 열면 도리스 레싱의 소설 〈19호실로 가다〉를 들먹였다. 버젓이 널찍한 제집을 두고도 허름한 호텔 19호실로 간 여자가

—

있었다니까. 버지니아 울프의《자기만의 방》을 읽고 들먹였다. 사람이 자기 공간이 없으면, 신독할 수 있는, 또는 한껏 방만할 수 있는 공간이 없다면 그건 주체성이 없는 삶을 사는 거지, 온전한 나의 삶이란 없는 거지.

영화 〈디 아워스The Hours〉의 한 장면.

1951년 미국 LA의 어느 하루. 버지니아 울프의 소설《댈러웨이 부인》에 빠져 있는 로라(줄리안 무어)가 둘째를 임신한 채 세 살 난 아들 리처드와 함께 남편의 생일 파티를 준비하고 있다. 열의 없이 생일 케이크를 만들던 로라는 문득 일상에 엄청난 끔찍함을 느끼고 어린 아들을 옆집 이웃에게 맡겨 놓은 채 느닷없이 호텔로 떠난다. 남들이야 '속 편한 부르주아 여성의 우울하고 나른한 일탈' 정도로 치부할 그녀의 행동을 온 마음으로 이해했다. 왜 넓고 쾌적하고 아름다운 자기 집을 못 떠나 안달인지, 왜 사랑하는 아들마저 내팽개친 채 호텔 방에 누워 죽을 생각에 골몰하는지, 나는 그 마음을 만질 수 있었다.

그때까지 세상에서는 여성의 공간을 이야기하는 것에 주로 집중하고 있었고 나도 그랬다. 아내와 엄마라는 역할로 집에 붙박인 여자들이 세상에서 어떤 자리를 갖고 있는지, 가져야 하는지 집중했다. 가난해지고

—

서야, 빚을 지고서야, 그동안 '방'에 대해서만 떠들었지 '돈'에 대해서는 아무 생각도 하지 않고 살았다는 것을 뼈아프게 깨달았다. 방도 돈이 있어야 구할 수 있는 것이 아닌가.

실은 그 이전에 여자들은 왜 가난한가, 여자에게 돈의 의미는 무엇인가, 엄마들에게 돈은 어떤 힘을 주는가, 왜 전업주부 엄마는 경제 인구에 포함되지 않는가에 관해 의문을 가졌고 전업주부에게 돈과 소비는 어떤 의미인가 공부하긴 했다.

페미니스트저널 〈이프〉에서 특집 기획으로 '여자의 돈, 돈이 좋다'라는 콘텐츠를 만들었다. 'I LOVE MONEY'라는 글자를 새긴 티셔츠도 만들어 입고 표지 사진을 찍었다. 여자도 돈을 알아야 한다는 취지에서였다. 왜 여자들이 돈을 사랑하는 것은 나쁘게 여길까. 왜 유독 여자들이 '밝히는 것들'에는 부정적인 의미를 덧붙이게 되었을까. 특히 색을 밝히는 것, 돈을 밝히는 행위는 여자라는 성과 나란히 붙으면 거의 욕설이 되었다. '복부인'에 담긴 경멸의 뉘앙스를 떠올려 보라. 남자가 부동산 투기해서 큰 이익을 거머쥐면 능력 있다는 긍정적인 이미지가 덧붙게 되지만, 여자가 같은 일을 하면 부정적이고 드센 이미지가 덧씌워진다. 집에서 살림이나 해야 할 여자가 감히 밖으로 나와 큰돈을 굴

리니 꼴사납고 못마땅한 것이다. 잡지 특집기사로 여자들의 돈에 대한 수많은 생각의 차이를 풀어놓은 이후, 단행본으로 《자기만의 돈》이라는 번역서를 만들었다. 2003년의 일이었다. 다이앤 얼리와 케이 레시가 쓴《자기만의 돈》의 원제는 'Our Money Ourselves'. 《자기만의 방》의 원제 'A Room of One's Own'의 변주였다.

　　자기만의 방을 부르짖은 지 100년 가까이 지나서야 비로소 여자들의 돈에 대해 말하게 된 거였다. 물론 버지니아 울프 역시 여자들이 제대로 독립하려면, 방과 함께 돈이 필요하다고 힘주어 말했다. 울프는 여성이 자유로운 창작 활동을 하려면 반드시 자기만의 방이 필요하다고 강연했는데, 자기만의 방을 갖는다는 것은 자신의 재산과 시간을 가진다는 것을 의미한다. 1920, 30년대에 여성은 식구나 손님이 머무르는 거실 테이블에서 글을 써야만 했다. 여성이 자기만의 방을 갖는 것은 행동과 사고의 제재를 받지 않는, 위축되지 않고 온전히 자유로운 생각을 펼칠 수 있는 권리, 즉 남성과 동등한 권리를 갖는다는 것을 의미했다. 버지니아 울프는 여성이 책을 쓰려면 자신만의 방이 있어야 하며, 1년에 500파운드의 돈이 필요하다고 주장했다. 재정적 독립의 중요성을 강조한 이 말의 뜻인즉 지적 자유는 물질적인 것에 의존한다는 것이다. 여성은 아무리 부유해도

—

남자가 재정을 관리하고 대학은 남자들만을 위한 교육 기관이었던 시절, 여자는 학교에 보내 주지 않고 가정 교사에게 교육받아야 했던 시절, 여자는 도서관 출입조차 어려웠던 그 시절, 울프는 운 좋게도 매년 500파운드의 유산을 받게 되었다는 편지를 받는다. 그리고 솔직하게 말한다.

그 당시의 쓰라림을 기억하건대, 고정된 수입이 사람의 기질을 엄청나게 변화시킨다는 사실은 참으로 놀라운 일이라고요. 이 세상의 어떤 무력도 나에게서 500파운드를 빼앗을 수 없습니다. 음식과 집, 의복은 이제 영원히 나의 것입니다. 그러므로 노력과 노동만 끝나는 것이 아니라 증오심과 쓰라림도 끝나게 됩니다. (······) 두려움과 쓰라림은 점차 완화되어 연민과 관용으로 바뀌어 갔습니다. 그리고 일이 년이 지나자 연민과 관용도 사라지고 가장 커다란 해방, 즉 사물을 그 자체로 생각하는 자유가 생겨났습니다.

— 버지니아 울프, 《자기만의 방》

울프는 여성의 창조적인 활동이 부족한 것은 물질적으로 빈곤한(부유한 생활을 영위하지만 실제로 돈을 관리하고 소유할 권리가 없는 중상류층 여성도 포함하여) 탓이라

—

고 방점을 찍어 말했다.

"작가가 처한 물질적인 상황이 작가의 시각을 결정한다"는 대목을 다시 읽고 이 글을 쓰는 2021년 현재, 500파운드는 원화로 얼마인가 계산해 봤더니, 80만 800원이 나온다. 《자기만의 방》이 1929년에 출간된 강연 원고이니 거의 백 년 전이라고 치고, 백 배로 단순 환산하면 8,000만 원 정도 될까? 그 정도 금액이면 지금도 웬만한 회사원 연봉을 훌쩍 넘어서니, 당시 울프가 얼마나 커다란 해방감을 느꼈을지 짐작이 간다. 월 80만 원이라도 나에게 고정적으로 들어온다면 나도 "지적 자유"를 얻을 수 있을까.

얼마 전 예술가들에게 지원하는 창작지원금에 대한 안내를 받았다. 팬데믹으로 인한 지원 정책의 하나였는데 시의적절한 정책으로 보였다. 서둘러 접수하고자 했다. 남편이 직장이 있고 딸 둘이 모두 경제적으로 독립한 상황이지만 그것이 나의 수입은 아니었으니까. 나는 '창작지원금'이 필요한 상황이었다. 그러나 결과적으로 나는 지원 자격에 포함되지 않았다. 배우자 수입의 하한선이 쓰여 있었는데 나이가 나이니만큼 남편 수입이 지원 자격을 넘어섰기 때문이었다. 창작을 하는 사람은 그가 아니라 나인데, 나는 남편 돈이 아니라 내 돈이 필요한 것인데 왜 배우자의 수입을 내 것으로 취

—

급하는 것일까. 남편 수입이 넉넉하다손 치더라도 같이 살지 않거나, 사이가 나쁘거나, 남편이 아내에게 한 푼도 쓸 생각이 없는 사람이라면? 버지니아 울프 시대와 뭐가 다른가. 부유한 집안에 속했더라도 여자는 자유롭게 쓸 수 있는 돈 한 푼 없던 시대와. 나보다 더 절박한 사람에게 가는 게 옳다 싶어 가만히 포기했지만 꽤 씁쓸했다. 아내의 수입이 많으나 지원이 필요한 남자 예술가는 어떨까? 배우자가 수입이 많다는 이유로 지원 자격이 안 되는 남자도 있을까?

내가 여러분에게 돈을 벌고 자기만의 방을 가지기를 권할 때, 나는 여러분이 리얼리티에 직면하여 활기 넘치는 삶을 영위하라고 조언하는 겁니다. (……) 이 강연의 중간에서 셰익스피어에게 누이가 있었다고 여러분에게 말했지요. (……) 그녀는 여러분 속에 그리고 내 속에, 또 오늘 밤 설거지하고 아이들을 재우느라 이곳에 오지 못한 많은 여성들 속에 살아 있습니다. (……) 각자가 연간 500파운드와 자기만의 방을 가진다면, 그리고 우리가 스스로 생각하는 것을 정확하게 표현할 수 있는 용기와 자유의 습성을 가지게 된다면, 우리가 공동의 거실에서 조금 탈출하여 인간을 서로에 대한 관계에서만이 아니라 리얼리티와 관련하여 본다면, 그리고 하늘이건 나

—

무이건 그 밖의 무엇이건 간에 사물을 그 자체로 보게 된다면, (……) 그때에 그 기회가 도래하고 셰익스피어의 누이였던 그 죽은 시인이 종종 스스로 내던졌던 육체를 걸칠 것입니다.

— 버지니아 울프, 《자기만의 방》

울프의 말은 몇 번을 읽어도 자꾸 인용하고플 만큼 뼈를 때리는 기분이다.

3

《자기만의 방》이 글 쓰는 여자, 젊은 여자들을 대상으로 한 경제적 방편을 말한 것이었다면, 《자기만의 돈》은 조금 달랐다. 이 책은 돈이 다루기 어려운 주제라는 말로 머리말을 연다. 우리 집 수입은 얼마이고 지출은 얼마인지, 은행 잔고는 얼마이며 투자는 얼마나 하는지 같은, 지극히 사적인 것으로 여겨지는 주제인 돈을 중심으로 집단 치료, 개인 발전을 위한 워크숍, 12 단계 프로그램 등에 참가한 여성들의 이야기를 풀어놓는데, 밑줄을 서너 번이나 그은 부분이 바로 여기였다.

여성들은 '모든 것'을 터놓고 말하지만, 돈 문제만큼은 예외 사항이었다. 낯선 사람들 앞에서 배우자에게 당한

폭행, 어린 시절 겪었던 물리적, 감정적, 성적 폭행, 분노의 발작, 과도한 성욕 등 지극히 사적인 경험을 이야기하는 사람들은 많다. 때로는 온갖 종류의 수치스러운 일을 남들 앞에 드러내고 싶어 하는, 아니 드러내지 못해 안달이 난 사람들도 상당했다. 하지만 우리는 돈에 대해서만큼은 물어보지 말아야 한다고 배웠다. 그건 너무나 개인적인 문제이고 남이 상관할 사안이 아니기 때문이다, 과연 그럴까?

과연 그렇다. 심지어 여성끼리도 돈에 대한 대화를 애써 피한다. 월급을 받을 때, 돈을 지불할 때, 예산을 운용할 때도 돈 문제는 피하거나 감추곤 한다. 돈에 대한 이야기를 하러 온 워크숍에서조차 밝히기를 꺼려한다. 우리는 돈에 대한 금기를 어렸을 때부터 학습해왔다. 서양이나 동양이나 크게 다를 게 없다. 여자아이인 경우는 더욱더. 마음속 깊은 감정이나 결혼생활, 심지어 성생활에 대해서는 오히려 어렵지 않게 밝히면서, 왜 돈은 그보다 더 사적인 영역으로 남겨지게 되었을까. 딸들은 오랫동안 출가외인으로 배제되어 상속도 제대로 받지 못했다. 공부를 포기하고 일찌감치 일을 시작해 집안을 먹여 살리고 오빠며 남동생 공부 뒷바라지를 하면서도 정작 자기를 위해서는 돈을 쓰지도 못했다. 돈 문제에 관해서는 여자라는 이유로 제대로 가르쳐 주지도 않았다.

많은 여성이 돈을 무서워하고 돈에 관한 결정을 내릴 때 주저한다. 남성은 투자로 돈을 벌면 자기 판단이 맞았다며 큰소리를 치고 돈을 잃으면 남 탓을 하며 빠져나간다. 여성은 투자로 돈을 벌어도 대개 운이 좋았거나 중개인의 조언 덕분이라며 외부로 공을 돌린다. 돈을 잃으면 순수하게 자기 탓이라고 생각한다. 결혼해서도 마찬가지다. 똑같이 일하는 직장인이어도 번 돈에 대해 여자들은 남자들과 다르게 만족한다. 자기 노동에 대한 보상이나 경력 덕분이라고 생각하기보다는 살림에 보탬이 되었다고 생각한다. 심지어 많은 여자들이 일하고 돈 버는 것에 대해 여전히 죄책감을 느낀다. 남편 돈은 적금을 들거나 집을 사는 등 가시적인 명목으로 사용하고, 여자 돈은 푼돈으로 여겨 살림에 쓰거나 음식물 구입에 흘려 쓴다. 많은 문학작품에서 부자인 남자는 강인하고 매력적인 성격으로 그려지고, 부자인 여자는 정신적으로 불안하거나 비뚤어진 성격으로 그려진다. 돈 많은 여성을 가리키는 부정적인 표현도 많다. 돈 많은 계집, 돈만 밝히는 여자, 돈만 아는 속물, 천박하고 무식한 사모님 등등. 일하는 여성은 월급이 더 많은 위치로 올라가면 종종 '소파 승진'으로 오해받거

—

나, 적당히 용돈이나 벌려고 직장 나온 여자가 되기 일쑤다. 여성이 돈을 제대로 벌어 쓸 수 없는 환경으로 내몰리는 건 예나 지금이나 마찬가지다.

4

전업주부로 아이 둘을 기르면서 집 안에 머물 때 나도 그랬다. 왜 나는 노는 사람이 되어 있는가. 남편이 월급을 타서 봉투째 넘겨준들, 통장과 카드 비밀번호를 알려 준들, 그것은 온전히 내 맘대로 쓸 수 있는 돈이 아니고 심지어 내 노동력에 대한 대가로 온 것이 아니었다. 가사와 육아로 하루하루 바빴지만, 그것에 값을 매기기는 나조차도 민망했다. 모든 항목에 피부양자로 들어가 있는 내 이름이 때때로 비굴하게 느껴졌다. 아무리 지금 네가 하는 일이 이 사회에 자원이 될 자식을 키우는 숭고한 일이라고 한들 기쁨 한 조각, 자신감한 덩이도 생기지 않았다. 전업주부 7년 후 고료를 받으며 원고를 쓰고 월급을 받으며 직장을 다니기 시작했다. 물론 '얼마나 번다고 그 고생을', '쥐꼬리만큼 벌면서 왜 맨날 늦게 퇴근하느냐'는 소리를 여기저기서 들었다. 일이 바빠지면서 전업주부일 때 내가 도맡아 하던 일을 대신할 사람이 필요해졌다. 나는 7년 동안 무급으로 해낸 일들이었지만 남에게 시킬 때는 당연히 돈

—

을 주고 일 인분의 노동력을 사야 했다.

거 봐라. 이 세상에 대가를 지불하지 않는 노동이 어디 있는가. 알음알음으로 나보다 연배가 높은 도우미 어르신이 집으로 오시게 되었다. 간단한 청소와 밑반찬을 해 주는 조건이었다. 내가 하던 살림의 반의반도 안 되는 일이었지만 적지 않은 비용이 나갔다.

내가 번 돈의 반 넘게 도우미께 주는 한이 있더라도 그 시스템을 유지할 생각이었는데, 예상치 못한 곳에서 문제가 생겨 헝클어졌다. 가사 도우미 여성에게도 가정이 있고 남편이 있었던 터. 그분도 우리 집 일을 하면서 나처럼 그런 말을 들었다. "몇 푼이나 번다고 남의 집 일을 하느냐? 내가 벌어 먹여 살릴 테니 집에 있어라. 굶어 죽는 것도 아닌데 왜 돈 번답시고 일하러 가서 남편 얼굴에 먹칠을 하느냐! 아들도 있고 딸도 있는데 남의 집 일하고 다니니 자식 보기 민망하지도 않느냐." 결국 그분은 몇 달도 하지 못하고 내 집 일을 그만두었다. 어렵게 마음먹은 자기만의 돈 갖기를 포기해야만 했다.

여성의 일과 돈은 이렇게 덜커덕거리며, 그러나 맞물려 돌아간다. 똑같이. 같은 일을 남의 집에서 할 때는 보수가 있지만 가정에서 할 때는 없다. 숭고하다 칭송하는 일엔 대가를 지불하지 않고, 돈 받고 하는 일엔 하

—

찮다고 비난하니 무슨 일을 해도 유쾌하지도, 떳떳하지도 않다. 여자들은 자기가 하는 일에 스스로 가격표를 붙이지 못한다.

《자기만의 돈》에서 워크숍을 이끌어 가던 저자들은 마침내 참가자들이 돈에 대해 긍정적인 시선을 갖게 만든다. 우리 존재에 영성이 있듯이 돈에도 영성이 있다고 여성 참가자들에게 말해 준다. 종교적인 영성이라기보다 사람됨으로서의 주체성을 갖게 하는 것, 다른 존재와의 긴밀한 상호 연결을 가능하게 해 주는 것으로서 돈을 말한다. 일과 관계에 돈이 개입되면 속물이 되고 계산적이 되는 게 아니라 오히려 서로를 기쁘게 할 수도 있다는 사실을 환하게 밝혀 준다. 나를 가치 있게 하는 것, 기꺼운 마음으로 일하게 하는 것, 만족감을 주는 것에는 돈이 관련되어 있다. 돈은 삶을 '밝히는 것'이지 어둡게 하거나 가라앉게 하는 게 아니라는 것을 또렷이 알게 해 준다.

그러므로 《자기만의 방》과 《자기만의 돈》에서 알게 되는 것은 한 가지다. 한 사람으로 오롯이 존재하려면 방과 돈이 있어야 한다는 것. 그것을 누리고 이용하는 것은 온전한 나라는 주체라는 것. 젊었든, 늙었든 엄마이든, 비혼이든, 돈이 있어야 자유롭게 살아갈 수 있다는 것.

———

마돈나도 노래하지 않았던가. 나는 물질적인 여자라고, 돈 밝히는 여자라고 말이다. "왜냐하면 우리는 물질적인 세상에 살고 있잖아? 난 물질적인 여자야, 당신도 알잖아. 우리는 자본주의 세상에 살고 있다는 걸. 난 자본주의를 따르는 여자라고.(Cause we are living in a material world and I am a material girl. you know that we are living in a material world and I am a material girl.)" 마돈나와 비슷한 또래이면서도 노래를 따라 부를 줄만 알았지 돈에 관해서는 맹문이로 살아 온 지난날이 한스럽기 그지없다.

5

남자들의 우정인지 배신인지를 다룬 〈친구〉 같은 영화들에서 남자들이 서로를 물심양면 돕는 모양은 너무 많이 봐 왔지만, 돈으로 여자들끼리 서로 돕고 지원하는 이야기를 처음 본 것은 영화 〈써니〉에서였다.

여고 시절부터 의리로는 최고였던 춘화의 장례식장에 옛 친구들이 모이자 춘화의 변호사가 춘화가 남긴 유언장을 읽어 준다. 죽은 춘화는 '써니'의 차기 리더로 나미를 임명하고, 장미에게는 비싼 보험을 잔뜩 들어서 보험 여왕으로 만들어 주고, 진희는 부회장을 시켜 주는 대신 돈은 많으니 다른 혜택이 없고, 금옥에게는 출판사 직원으로 일하게 하는 한편 글을 쓸 지원금을 준다. 복희에게는 딸과 함께 살 아파트와 생활비 및 치료비를 지원하고 가게 창업을 돕는다. 친구의 이른 죽음에 슬퍼 마땅할 장례식장에 웃음이 피어나고 감동의 환호성이 울려 퍼진다. 어떻게 저다지도 배포 크고 꼼꼼하게 돈을 배분할 수 있을까. 연예인 딸의 수입을 착복한 엄마들 이야기가 뉴스로 나오던 즈음이었다.

젊은 여자들은 '여적여'라는 혐오의 말을 딛고 '여돕여'의 생생한 실화를 들려주기도 했다. 그중에 기억에 남는 장면은 배우 겸 가수 채정안과 가수 이지혜의 토크쇼였다. 여자의 의리나 우정, 돈에 관한 말들 중 이것보다 촌철살인인 대화는 본 적이 없다.

오랜 절친 사이라는 두 친구의 대화.

이지혜가 말했다.

"언니가 그때 나한테 돈 빌려줬잖아. 아무 토도 달지 않고. 나 그때 진짜 돈이 필요했거든."

채정안이 말했다.

"그랬지. 너에게 돈을 줬지. 너 그때 맨날 울고 다녔잖아. 볼 때마다 눈이 퀭해가지고."

"왜 그랬어? 언니도 아주 여유롭진 않았잖아?"

"그 돈이 당장 나한텐 필요한 돈이 아니었는데 너한테는 너무 절실해 보였어. 날 볼 때마다 우는데, 눈물을 멈추게 하는 건 돈밖에 없거든."

—

눈물을 멈추게 하는 건 돈밖에 없거든. 저 말을 하는 여자의 얼굴을 한참을 들여다봤다. 똑똑하고 다정하기도 하여라.

가난했던 엄마. 돈을 좋아했던 엄마, 돈 주는 사람 말고는 기억에 깊이 담지 않았던 엄마. 많지도 않은 돈을 꼼꼼하게 나눠 주려고 오래 몰두하던 엄마는 어쩌면 눈물을 멈추게 하는 건 돈뿐이라는 걸 온몸으로 알았던 게 아닐까.

집

어떤 여자들은 집과 결혼한다

1

　쥬시 살리프 시트러스 스퀴저라는 것을 보았다. 열대의 나라에 살고 있을 때 라임주스나 레몬주스를 만들어 먹으려고 스퀴저를 검색하다가 발견했다. 라임이 천지여서 그 나라 사람들은 오만 곳에 라임을 사용했다. 잘라서 손 씻는 물에도 넣고 목욕물에도 넣고 볶음밥에도 짜 먹고 샐러드 위에도 뿌렸다. 특히 파파야 주홍빛 과육 위에는 반드시 라임을 짜 뿌려 먹었다. 스프라이트나 맹물에 짜 넣으면 뽀얗게 상쾌한 라임주스가 되었다. 근사한 스퀴저를 사고 싶었다. 내가 찾은 쥬시 살리프 시트러스 스퀴저는 커다란 거미 모양이었다. 기다랗게 아래로 뻗은 단단한 세 개의 금속 다리 위에 세로 줄무늬가 음각된 커다란 머리를 얹고 있었다. 거미 머리처럼 생긴 윗부분에 라임이나 레몬을 놓고 짓이기면 흘러나온 진액이 아래로 갈수록 뾰족해지는 머리통을 타고 세 개의 다리 사이에 끼워 둔 컵으로 모일 거였다.

—

오렌지, 자몽, 레몬, 귤, 라임 같은 착즙하기에 적합한 과일이 제품 옆에 놓여 있었다. 은빛으로 반짝이는 스퀴저는 아주 비쌌다. 알레시라는 브랜드와 디자이너 필립 스탁 이름을 한참을 바라보았다.

2

알레시 착즙기는 아직 장만하지 못했다. 너무 비싼 데다 그다지 실용적이지 않아 보여서였다. 사지 못한 것을 오래 생각해서일까. 스퀴저의 거미 모양에서 루이스 부르주아Louise Bourgeois의 작품인 거미 엄마 〈마망 Maman〉이 떠올랐다. 착즙, 너덜너덜해질 때까지 즙을 남김없이 짜내고 남은 메마른 껍질의 이미지. 엄마, 거미, 알, 껍데기……. 묘한 조합이었다.

루이스 부르주아는 저 스퀴저 모양과 비슷한 거미 엄마를 만든 사람이다. 2010년 5월, 98세의 나이로 사망한 루이스 부르주아는 프랑스계 미국인으로 현대 미술을 대표하는 조각가다. 키는 130센티미터 남짓하고 자그마한 체구에 마치 날 때부터 이미 나이 들었던 것처럼 보이는 예술가. 그녀에 대해 처음 알게 된 것은 2000년대 초, 일하고 있던 잡지사 동료를 통해서였다. 아트 디렉터인 동료는 루이스 부르주아를 비롯해 제니 홀저, 키키 스미스, 마리 로랑생, 니키 드 생팔, 낸 골딘,

프리다 칼로, 아녜스 바르다, 아나 멘디에타, 에바 헤세 같은 걸출한 여성 예술가들의 삶과 작품에 대한 이야기를 잡지에 연재했는데 굉장히 매혹적이었다. 동료 덕에 알게 된 여성 예술가들 작품을 나중에 유럽 여행을 하면서 운 좋게 볼 수 있었다. 〈마망〉이라는 제목의 거미 엄마는 마흔 살쯤에 일본에 갔을 때 눈앞에서 보았다. 〈마망〉은 총 여섯 작품이 있는데 높이가 9미터가 넘는 거대한 청동상으로, 영국, 캐나다, 일본 등 세계 곳곳에 영구 컬렉션으로 전시되어 있다.

왜 거미라는 곤충이 엄마가 되었는지, 예전에 들었던 이야기들이 한꺼번에 소환되었다. 폭력적인 아빠에게 루이스의 엄마와 루이스가 오랫동안 학대를 당했던 일, '루이자'가 아닌 '루이스'라는 남자 이름은 딸이라서 서운해하며 아빠가 비웃듯이 지어 줬다는 사실, 거미 조각은 그저 기괴한 다리를 땅에 딛고 있는 곤충이 아니라 엄마를 상징한다는 의미까지.

거미는 알에서 나온 새끼가 엄마 몸을 파먹으면서 자란다. 거미 엄마는 제 몸을 자식에게 다 내어준다. 루이스 부르주아에게 엄마의 삶은 암컷 거미의 삶과 똑같았다. 해진 태피스트리를 수선하는 일을 했던 엄마, 끝없이 실을 잣고 무언가를 기워 내던 엄마, 남편의 바람기와 폭력을 참고 견뎌야 했던 엄마, 그럼에도 딸에게

—

는 한없이 다정하고 따뜻했던 슬픈 엄마. 루이스의 '마
망'은 쥬시 살리프 스퀴저와 달리 둥글고 어두운 머리
통이 하늘을 향해 있고 여덟 개의 다리가 사방으로 거
대하게 뻗어 있다. 지상에서 올려다보면 배에 품고 있
는 대리석 알들의 송이를 볼 수 있다.

우리나라 리움 미술관에도 전시되었던 마망은 이
제 사라졌다. 루이스 부르주아도 죽었고, 우리 엄마도
죽었다. 엄마는 살아 있을 적, 당신 아들 집에서 살면서,
꼼짝없이 여기 살다 가야지, 뭐, 죽으면 저 산 위 네 아
버지 집, 거기 무덤 옆으로 가야겠지, 거기가 집이겠지,
말하곤 했다.

아파트 내 집 베란다에는 크지 않은 거미 몇 마리
가 거미줄을 쳐 놓고는 살고 있었다. 딸들은 거미를 포
함한 모든 곤충에 소스라쳤으므로, 나는 종종 거미줄과
함께 엄마 거미를 막대로 걷어 내 베란다 창밖 나무 밑
으로 던져 주곤 했다. 거미는 모기나 바퀴벌레와 달리
인간에겐 익충이라고, 무서워하지 말고 죽이지 말자고
딸들에게 부탁의 말을 건넸다. 나 역시 다족류 벌레들
을 무서워하지만, 이상하게도 거미만큼은 하나도 흉측
하게 느껴지지 않았다. 어렸을 때 거미줄을 여러 번 끊
어 냈다. 거미줄에는 거미 몸속에서 만들어진 액체 단

백질로 이루어진 끈끈한 물질이 있다는 것을 어디서 배웠는지는 모르겠다. 가늘고 긴 나뭇가지에 쳐 놓은 거미줄을 걷어 모아 침을 섞어 뭉치면 끈끈이 공이 되었다. 아기 손톱만 한 끈끈이는 보드랍고 말랑하고 조용했다. 나뭇가지 끝에 앉아 있는 잠자리 날개에 거미줄 공을 가져다 대면 순식간에 잠자리가 붙잡혔다. 접착력이 얼마나 좋은지 거미줄 공에 한번 붙은 잠자리는 떼어 낼 수 없었다. 그 일을 수도 없이 했다. 거미집을 허물어뜨리고, 잠자리 날개를 수백 번 찢은 죄로, 나는 앞으로 평생 거미를 죽이고 싶지 않았다. 거미가 거미줄을 짓는 이 집에서 딸들에게 평생 같이 살다 죽자고 말했다.

어떤 여자들은 집과 결혼한다.
그것은 또 다른 종류의 피부다. 그것은 심장,
입, 간, 그리고 똥을 갖고 있다.
벽은 영구적이며 분홍빛이다.
보아라, 그녀가 종일 무릎을 꿇고 앉아
어찌나 성실히 자신을 씻어 내리는지.
남자들은 웅크린 요나처럼 완력으로
그들의 풍만한 어머니들 속으로 들어간다.
여자는 여자의 어머니이다.

—

이게 중요한 것이다.

— 앤 섹스턴, 〈가정주부〉

'가정주부'라는 제목이 붙은 앤 섹스턴의 시다. 세상이 내 위주로 돌아가는 게 아닐 텐데, 여자들이 쓴 시는 하나같이 내 이야기인 것만 같던 시절이 있었다. 어떤 여자는 집과 결혼한다니. 집이 여자의 몸이 되어 하루 종일 성실하게 제 자신을 씻어 내리고 있다니! 바로 내 얘기 아닌가. 너무 이른 나이에 아내가, 주부가, 엄마가 되어 버린 나, 집 그 자체가 되어 버린 젊디젊은 나의 불안과 절망을 고스란히 담고 있는 것 같았다.

앤 섹스턴의 〈가정주부〉는 그대로 루이스 부르주아가 그린 〈집-여자〉 연작의 문학적 표현으로 읽힌다. 여성의 집, 팜므 메종. 루이스는 아예 집이 되어 버린 여자들의 몸을 여럿 그렸다.

루이스 부르주아의 초기 회화 작품 〈여성의 집Femme Masion〉은 누구라도 보자마자 숨이 턱 막혀 올 것이다. 표정을 담은 얼굴 대신 집을 달고 서 있는 벗은 몸의 여자들. 얼굴이 있어야 할 자리에 묵직한 사각의 집이 있는 한 여자가 위태롭게 서 있다. 무릎 아래로 잘린 다리, 어린아이 것처럼 덜 성숙한 음부가 하얗게 비어 있고, 바로 옆에 검은 실 꾸러미가 놓여 있다. 긴 허리 위

—

에 배꼽도 없이 가슴이 달려 있고 목 위에 놓인 집의 삼각 지붕 위에는 머리칼 대신 나뭇가지 같기도, 실꾸리 같기도 한 선들이 아무렇게나 그어져 있다.

사람들은 이 그림을 보고 집이 되어 준 어머니의 모성에 경의를 바친다는데, 나는 그 그림이 끔찍하게 보였다. 엄마들이 아무리 집과 결혼했다 해도, 집처럼 안온하게 모두를 품는 엄마를 표현한 작품이라 해도, 여자 맨몸에 올려놓은 집 모양은 모욕적이어서 보기 싫었다. 차라리 여자의 얼굴을 드러내고 몸통을 집으로 바꾸어 그렸으면 이토록 불편하지 않았을 텐데. 나라면 그랬을 거였다.

앤 섹스턴의 또 다른 시 〈그런 여자 과(科)〉의 화자처럼 나는 집을 나가는 여자이고 싶었다. "나는 홀린 마녀, 밖으로 싸돌아다녔지, / 검은 대기에 출몰하고, 밤엔 더 용감하지. / 악마를 꿈꾸며 나는 평범한 집들 / 너머로 휙휙 불빛들을 타고 다니지. / 외로운 것, 손가락은 열두 개, 정신 나간, / 그런 여자는 여자도 아니겠지, 분명. / 나는 그런 여자 과."(앤 섹스턴, 〈그런 여자 과(科)〉)

3
그러던 어느 날, 루이스 부르주아의 그림 속 집이

아닌 그녀가 실제로 살았던 집을 보았다. 이제는 주인 없는, 그녀가 생전에 살았던 집 사진이었다. 루이스 부르주아의 마지막 날들은 포토그래퍼 알렉스 반 겔더가 찍었다. 검은 옷을 입고 흰색 천 모자를 쓴 채 가만히 앉아 있는 그녀 얼굴은 주름이 깊고 조각처럼 마르고 패여 있다. 윤기라고는 하나도 없는 얼굴과 손. 그녀 모습과 마찬가지로 집 내부는 놀라울 정도로 소박했다.

뉴욕 첼시의 타운하우스에 자리한 루이스의 집에서는 그녀가 살아 있을 땐 일요일마다 '선데이 살롱'이 열리곤 했단다. 매주 일요일 오후 3시, 루이스의 집은 누구든지 자신의 작품을 가져와 선보이고 예술에 관한 이야기를 나누는 사랑방이 되었다. 팥죽색 외관, 좁고 어두운 현관과 복도, 세월의 흔적을 보여 주는 마모된 마룻바닥. 넓지 않은 거실의 한쪽 벽은 책장으로 꽉 차 있고, 맞은편 벽은 전시 스크랩이 어지러이 붙어 있다. 작업 책상 위엔 미술 도구들과 서류 더미들이 아무렇게나 놓여 있다. 대가가 거의 평생을 살던 집이라기엔 보잘것없을 만큼 낡고 검소해 보였다.

공간은 거기 살고 있는, 살았던 사람의 삶의 무늬를 고스란히 새긴다. 루이스는 사진 속 낡고 닳은 집에서 무려 50년을 살았다고 한다. 루이스는 집 이야기를 할 때마다 "내가 집을 사용한다. 집이 나를 사용하는

———

것이 아니다"라고 말했다고 한다. 그녀의 친구는 "루이스는 데커레이션, 장식이나 예쁜 것에는 관심이 없었다"고 전해 주었다.

흐릿한 사진 속에서 그녀 집 먼지 낀 유리창 뒤로 작은 정원이 보였다. 거기에 그녀의 작품, 〈마망〉이 하나 놓여 있었다. 세계 곳곳에 설치되어 있는 거대 마망이 아니라, 조그만 엄마처럼 작은 거미 한 마리가 정원 한쪽에 자리 잡고 있었다. 루이스는 죽을 때까지 살던, 제 몸 같은 집에 아예 엄마를 데려다 놓았구나. 끊임없이 실을 뽑고 잣고 깁는 거미 한 마리를. 저기 작은 거미의 배에도 알들이 들어 있고 여덟 개의 다리는 알을 보호하고 있을 것이다.

루이스 부르주아는 〈지큐 코리아(GQ Korea)〉와 인터뷰할 때, 자신의 삶에서 가장 중요한 연도를 말해 달라는 질문에 이렇게 답했다. "내 인생에서 가장 중요한 날―어머니가 돌아가신 1932년―을 시작으로, 내가 결혼한 1938년, 그리고 두 아들이 태어난 1940년과 1941년, 친아버지가 돌아가신 1951년, 남편과 사별한 1973년이다." 집과 엄마 됨에 평생 천착한 작가다운 대답이다. 거미나 거울, 바늘 같은 것들을 작품 소재로 자주 쓰는 이유에 대해서는 이렇게 말했다.

—

"거미는 어머니를 상징한다. 그리고 어머니는 영웅이자 기념비적인 존재다. 어머니는 나에게 가장 좋은 친구였고, 다정했고, 현명했으며 늘 나를 지켜주었다. 또 거미는 모기처럼 인간에게 유해한 다른 곤충들을 잡아먹는다. 외할머니는 악성 인플루엔자로 돌아가셨다. 거울은 나를 제외한 모든 것을 받아들이는 존재고, 바늘은 무용한 것을 유용한 것으로 엮어 내는 관용의 역할을 한다. 뭔가 잊어버리기 위해선 우선 용서해야 한다."

4

집에서 이리저리 뒹굴며 시간 보내는 것을 세상에서 제일 좋아한다. 그것도 내림인지 유전인지 딸들도 집에 머무는 것을 가장 좋아해서 피의 흐름에 기가 막혔다. 어릴 때부터 그랬다. 넓지도 않은 작은 집을 어찌나 좋아하는지. 얼마 전 대청소를 하다가 딸내미가 어릴 때 쓴 일기장 뭉치를 발견했는데 읽다가 한참을 웃고 말았다. 제목마저 〈집이 좋아!〉.

1월 23일 수요일

제목: 집이 좋아

케케케케. 나는 집이 너무 좋다.

심지어 뭐, 놀이동산 같은 곳보다도 집이 더 좋을 정도로.

—

집이 제일 좋아!!!!

여자들의 집을 생각한다. 팜므-메종. 살아생전 엄마는 으리으리하고 반짝반짝 빛나는 새집을 지어 놨더니, 들어가고 싶지 않다고 고집을 부리셨다. 큰오빠 내외는 집을 지으면서 부모 방을 만들고 편히 쓰라고 작은 화장실도 넣어 놓고 마당에는 꽃밭에 텃밭까지 정말 예쁘게 꾸며 놨다. 실제 속마음은 어땠는지 몰라도 새집에서 부모의 노후와 임종까지 책임질 결심으로 집을 지었을 거였다. 그랬는데, 엄마가 어깃장을 놓은 거였다. 새집으로 들어가지 않고 저 윗동네 빈집이 하나 있다고, 거기로 들어가서 아빠랑 둘이서 살고 싶다고 했다. 아니면 지금 살고 있는 옛집에 남아 생을 마감하겠다고 했다. 두 분이 칠십 평생을 산 집이었다. 난 싫다, 다 쓰러져 가는 오두막에 살더라도 내 맘대로 하면서 살고 싶어. 집에선 네 올케가 아무것도 못 하게 한단 말이지. 커피 물도 못 끓이게 한다고. 아빠는 별말이 없으셨다. 큰오빠 내외는 진짜 나가 살려면, 따로 집을 얻어 나가시려면 차라리 눈에 안 보이는 먼먼 데로 가시라고, 집 다 지어 놓으니 동네 우세스럽게 다 쓰러져 가는 오두막으로 두 양주가 가시겠다니 될 법이나 한 소리냐고 목울대를 울렸다. 살고 있던 옛집은 허물어 버릴 거

—

67

라고 본의 아닌 으름장을 놓았다. 난 박쥐처럼 엄마 마음도, 큰오빠 내외 마음도 이해할 수 있는 기분이었다. 어쨌든 결국 엄마는 새집으로 들어가셔서 그런대로 잘 지내셨다. 여러 자식들도 그랬겠지만, 엄마 인생에 집처럼 마음대로 되지 않는 것도 없었을 거다.

결혼을 하고 보니 시어머니는 여관을 운영하고 있었다. 내 나이 서른도 안 되었고 시어머니는 갓 오십을 넘었을 때였다. 여관 1층 현관을 돌아가면 살림집이 따로 있었다. 좁은 골목처럼 잇대어 마련한 살림집은 아주 좁지는 않았지만 어둡고 침침했다. 천장이 낮고 미로처럼 방들이 사이사이 숨어 있는 집에서 어머니는 손빨래를 하면서 불편을 감수해야 했다. 몇 년 지나지 않아 어머니는 이사를 했고, 그 뒤로는 넓고 높고 좋은 아파트에서 내내 지냈다. 시아버지가 남긴 건물을 판 돈에, 아들 일을 살펴주면서 받는 용돈에, 이리저리 합해 어머니는 그즈음 내가 보기에 아주 부자로 살았다. 돌아가실 때까지 우리 집 전체 평수만 한 크기의 큼직한 방들과 테라스와 욕실을 혼자 쓰며 지내다 돌아가셨다. 시어머니에게는 집에 관한 한, 돈에 관한 한 어떤 미련도 집착도 없을 거라 생각했다.

그런데 병세가 천천히 깊어지고 치매 기운이 찾아

—

든 어느 날인가, 아니다, 돌아가시기 얼마 전이었던 것 같다. 어머니가 어느 때보다 명료한 목소리로 "왜 이 집을 내 명의로 안 해 놓고 너희들 이름으로 해 놨느냐?"고 큰아들에게 여러 차례 물어보았다는 얘기를 남편이 전해 주었다. "왜 내 집은 없게 해 놨니? 내 이름으로 해 놨어야지." 시어머니 음성이 들리는 것 같았다. 그런 마음이었구나. 그렇게 넓은 집에서 온갖 것 다 누리며 살고 계셨어도, 어머니에겐 죽는 날까지 자기 집은 아니었구나. 본인 집은 없다고 서운하게 생각하셨구나. 그러고 보니 그 큰 집은 한 번도 시어머니 명의인 적이 없었다. 끝내 자신의 소유가 아니었던 그 집에서 시어머니는 마지막 숨을 내쉬고 떠나셨다.

나는 언제 내 집으로 가니? 친정엄마는 병원에서도, 요양원에서도 수시로 물었다. 엄마의 '내 집'은 어디였을까? 살아생전 그리 나오고 싶어 몸살을 앓던 큰오빠네 집이었을까, 아니면 아빠와 평생 살던 옛집이었을까. 엄마는 어떤 집으로도 다시는 가지 못했다.

5

결혼한 지 몇 년이 지나서였는지 모르겠지만 지금까지 잊히지 않는 일이 있다. 잠깐씩은 집에 두고 볼일을 보고 올 수 있을 만큼 아이들이 어느 정도 컸을 때였

—
69

다. 집 열쇠는 남편과 나, 둘 다 가지고 있었다. 어딘가 외출했다가 집에 오자 남편이 먼저 와 있었다. 그가 단단히 화난 얼굴로 말했다. 내가 내 집에 오는데 열쇠로 열고 들어와야 해? 몇십 년이 지나도록 이해할 수 없는 그 한 문장.

"내가 내 집에 오는데 열쇠로 열고 들어와야 해?"

내 얼굴에는 물음표가 수십 개 떠올라 있을 거였다. 내가 집에 없을 수도 있는 거잖아. 열쇠가 있고 손이 있는데 왜 자기 집 문을 열고 들어올 수 없어? 그게 왜 화가 나지? 나는 항상 집에 있는 사람이야? 나는 집에만 박혀 있다가 식구가 오면 바로바로 문을 열어 줘야 해? 자기 집 문을 자기 열쇠로 따서 열고 집에 들어오는 게 그렇게 화가 날 일이야? '그렇게 화가 난다'고 그가 대답했다. 아내가 있는데 직접 문 따고 들어오기가 정말 싫다고 했다. 다른 이들에게 나를 '집사람'이라며 인사시키던 시절이었다. 집사람인 나는 집주인인가, 집 지키는 하인인가. 나는 내 집 문을 직접 열고 들어오는 것이 그렇게나 좋던데,

내 집을 향한 열망이 너무 커서, 그 간절한 꿈에 대해 여기저기 많이도 말하고 다녔다. 어떤 사람이 서울에도 집이 있고 제주도에도 집이 두 채나 있는데 남 빌

—

려주느니 비워 둔다고 했을 때, 글 한 줄 쓸 공간이 여의치 않아, 아니 마음 편히 있을 곳조차 없어 게스트하우스나 에어비앤비를 쫓아다니던 나는 얼마나 부러웠는지.

그런데. 이제 나는 나만의 집에 대한 모든 열망을 완전히 접었다. 한순간에 아쉬움 없이 집착을 끊을 수 있었는데, 계기는 싱겁게도 무서운 영화 한 편이었다. 집을 하나 갖고 싶어 하다가 온 생이 집에 갇혀 버리고 거기서 죽은 여자와 남자 이야기. 제목이 〈비바리움 Vivarium〉, 사육장이란 뜻의 공포영화였다. 육아, 모성에 대한 소름 돋는 은유가 오직 집이라는 공간을 중심으로 펼쳐진다.

'집'이라는 공간 앞에서 여자들은 유독 복잡한 심경이 된다. 집에서도 편치 못하고 집을 떠나서도 편치 못하다. 특히나 엄마가 된 여자들은 스스로 장소 그 자체가 되어 버린다. '내 집'을 따로 마련할 경제적 여유가 생긴다 하더라도, 이미 피부가 되고, 심장이 되고, 얼굴이 되어 버린 집에서 완벽하게 나를 분리해 내기는 쉽지 않다. 루이스 부르주아의 연작 그림처럼, 앤 섹스턴의 시처럼, 혹은 〈비바리움〉의 결말처럼.

———

성性

세상의 기원

1

여름 한낮에 꼬마 아가씨 꽃그늘에 숨어서 울고 있을 때
노랑나비 하나가 맴돌아 가며 댕기 끝에 자꾸만 앉으려
하네.
난 아니야 꽃이 아니야 난 아니야 꽃이 아니야.

해 저물면 찬바람에 시들어 내리는 그런 꽃은 싫어 난
아니야.
울지 않을래, 울지 않을래, 나비처럼 날아가려네.
하얀 손마디 꽃물 들여서 눈물처럼 아직도 지우지 못해
고개 숙여 자꾸만 얼굴 감추고 작은 어깨 흔들며 울고
있는데
난 아니야 꽃이 아니야 난 아니야 꽃이 아니야.

1982년, 원조 '오빠' 가수 조용필이 발표한 노래
⟨난 아니야⟩. 그 노래를 처음 들었던 때 여고를 다니고

—

75

있었다. 노래나 시에 흔히 남자는 나비로, 여자는 꽃으로 비유되던 시절이었고, 꽃 사진을 찍는 취미가 있는 교장 선생님도 늙수그레한 남자 선생님들도 여학생들에게 "너희는 꽃"이라는 말을 주저 없이 하던 때였다. 가수 조용필이 '꼬마 아가씨'의 입을 빌려, 난 아니야 꽃이 아니야, 나비처럼 날아다닐래, 노래 부르는 것이 그렇게나 좋았다. 조용필이 텔레비전에 나오면 밥 먹다가 수저질하는 것을 멈추고 넋을 잃을 만큼 좋아했는데, 몇 살 때였나, 어느 인터뷰에서 그가 한 얘기를 보고는 놀랐다.

"나는 아이를 낳지 않을 겁니다. 절대 내 아이를 세상에 태어나게 할 생각이 없어요."

와, 젊은 남자 연예인이 절대 아기를 갖지 않겠다고 공공연히 인터뷰에서 말하다니, 세상 태어나 처음 듣는 소리였다. 여성조차 아이를 안 낳겠다는 결심을 겉으로 드러내기 어려웠던 시절이었다. 나 역시 아이를 낳지 않겠다는 결정을 결혼도 하기 전에 할 수 있다는 생각을, 떠올려 본 적도 없을 때였다.

그 후 세월이 흐르고 흘러, 지금까지 정말로 가수 조용필은 자기 아이를 낳지 않았다. 어떤 여자와 결혼했다 이별하고 또 다른 여자와 결혼했다 사별하는 과정을 보고 들어 알기는 했지만 아이가 있다는 소식을 들

—

은 적은 없다. 지금이야 여자든 남자든 결혼하지 않거나 아이 낳지 않는 것이 별스럽지 않은 시대이지만, 그 당시만 해도 남자가 대를 잇지 않겠다고 선언하는 일은 별나 보일 정도로 드물었다. 물론 아이를 갖든 안 갖든 혼자 할 수 있는 일도 아니고, 더군다나 직접 임신하고 출산하지도 않는 남자가 결정할 일은 아니다. 하지만 자기가 낳을 것도 아니면서 결혼하면 아이를 많이 낳을 거라고 너스레 떠는 남자 연예인들을 주로 봐 왔던 터라, 조용필의 선언은 신선하게 다가왔다.

2

조지아 오키프Georgia O'keeffe는 꽃 그림을 주로 그린 화가로 알려졌다. 그녀가 그린 꽃은 여자의 성기와 닮았다고들 했다. 한껏 벌어진 꽃잎들, 꽃잎이 갈라진 틈, 솟아오른 꽃술 같은 것들이 영락없이, 여지없이 여자의 생식기를 연상시킨다. 세상에 무슨 꽃이 저렇게 생겼나. '영락없이', '여지없이'라고 쓰긴 했으나, 조지아 오키프의 꽃들이 여성 성기를 의미한다는 말을 처음에는 잘 이해하지 못했다. 왜 저 꽃 그림이 여성의 성기를 닮았다는 걸까. 저렇게 복잡하고 흐늘거리고 붉은 것들이? 어. 정말 그렇구나, 고개를 끄덕이게 된 것은 내가 첫 아이를 낳고 난 다음의 일이었다. 그 전까지는 내

—

몸에 붙어 있으나 저 아래 내 성기를 볼 생각조차 해 본적이 없었다. 성기는 내 몸에서 가장 멀고 가장 낯선 장소였다. 음순이 흔히 꽃으로 표현되고 식물의 암술, 수술이 사람의 생식기나 다름없다는 걸 들어 알았지만, 실제 생김새를 꽃 보듯이 관찰해 본 적은 없었다. 하긴 여성 성기나 성관계나 성행위에 대해 여자들이 남자들보다 더 모른다는 것을 체감한 것조차 스물다섯 살도 넘어서였다.

스물한 살 때 홍도와 흑산도를 여행했을 때의 일이다. 그 멀리까지 떠난 여행의 동행자는 세 명, 여자 둘에 남자 한 명이었다. 남자는 요샛말로 나와 '썸'을 타고 있는 중이었다. 그 애는 가늘고 순한 외양을 하고 있었다. 흑산도에서 나와 홍도를 한 바퀴 도는 유람선을 타기로 하고 배에 올랐다. 우리가 관광객들 중 가장 어린 것 같았다. 배에 타자마자 걸쭉한 음담패설이 배 위를 떠돌았다.(지금 생각하면 성희롱이거나 여성 혐오적인 말이었음에도 그때는 의미를 알아채지 못했다.) 여행 가이드랍시고 마이크를 잡고 연신 큰 소리로 떠들던 남자가 아줌마 아저씨들을 웃겨 보겠다며 쉴 새 없이 음담패설을 늘어놓았는데, 듣던 사람들이 왜 저리 낄낄거리는 건지 명확히 이해하지를 못했다. 짙푸른 바다 위에서 조

개니 홍합이니 능글맞은 목소리로 비리게 떠들던 가이
드는 급기야 나와 내 친구를 노골적으로 쳐다보면서 저
섬 어딘가 암벽 하나를 가리켰다. 저 바위가 여근곡입
니다. 여근곡이 어딥니까? 양쪽에 펼쳐진 날개 하며, 쏙
들어간 바위 패인 곳까지, 아주 똑같이 생겼죠? 아줌마
아저씨들이 똑같네, 똑같아 하며 맞장구쳤다. 저기 보
이죠? 저 아가씨들 못 찾네. 바위 가운데 틈에서 물 흐
르는 거. 완전히 여근곡이잖아요. 우리는 못 찾고 계속
두리번거렸다. 남자 승객들이 여자 친구와 나를 대놓고
훑어봤다. 아니. 왜 못 찾아요? 저기 저렇게 선명하게
여근곡이 보이는데. 자기 몸에 하나씩 갖고 있으면서
그걸 못 알아보네.

　나와 내 친구는 배가 그 자리를 떠날 때까지 끝내
여근곡이라는 이름이 붙은 바위를 발견하지 못했다. 한
자어로 미루어 짐작하면 내 몸의 아랫도리를 비유하는
것까지는 알겠는데 정확히 어디가 어떻게 비슷하다는
것인지 도무지 알 수가 없었다. 당최 내 성기를 봤어야
그 모양새를 알지.

　출산하고 산후조리를 하던 삼칠일 시절, 아이가 빠
져나간 헛헛한 뱃가죽을 붙잡고 아직 실밥이 남아 있을
아랫도리를 보기 위해 손거울을 가져왔다. 내 몸으로
아이를 낳았음에도 어떻게 내 살을 찢고 3kg의 사람이

—

나올 수 있었는지 믿어지지 않았다. 찢어져 꿰맨 곳이 어떻게 되었는지 궁금해서 견디기 어려웠다. 불편하게 쭈그리고 앉아 거울을 통해 본 나의 몸 한 부분을, 생전 처음 본 그 괴이쩍고 너덜너덜한 모양새를, 그때의 충격을 지금도 잊지 못한다. 나는 왜 하필이면 아기를 낳고 난 직후에 그걸 봤을까.

저게 어떻게 꽃이야? 저게 꽃잎이야? 저게 그 둔덕이고 수풀이고 이슬이야?

남자 작가들의 소설 속 묘사로나 익숙했던 그곳은, 나에게는 환부이자 어둠의 동굴 같았다. 익숙해지려고 그 후 여러 번 들여다보고 만져 보고서야 이슬 맺힌 꽃잎이니, 활짝 열린 꽃잎이니, 잘 익은 홍합이니 하면서 남자들이 낄낄거렸던 연유를 이해했다. 왜 사람들이 조지아 오키프의 꽃 그림을 보면서 여성 성기를 떠올리는지도 그제야 알았다. 그러나 정작 조지아 오키프는 자신의 꽃 그림들이 여성 성기를 표현한 것만은 아니라고 밝혔다. '꽃의 화가'로 알려져 있지만, 꽃 그림은 주로 초기에 그린 것이고 그 후 죽은 짐승의 두개골, 뼈, 사막, 도시의 건축물 등 다양한 소재로 작품 영역을 확대해 갔다는 사실은 뒤늦게 알았다. 조지아 오키프야말로 여성의 창작물이 섹슈얼리티에 갇혀 해석되는 대표적인 사례였다.

3

〈세상의 기원L'Origine du Monde〉은 프랑스 여행을 갔을 때 직접 보기 위해 오르세 미술관을 부러 일정에 넣게 만든 작품이었다. 여자의 가슴 위쪽은 시트로 가려져 있고, 그 아래는 훤히 드러나 있다. 오뚝 선 유두, 둥그런 복부, 벌린 허벅지에 이르기까지 세세히 다뤘지만, 음부만 확대한 듯 도드라지게 눈에 들어오는 그림이다. 1866년, 프랑스의 화가 귀스타브 쿠르베는 "세상의 모든 것이 여기에서 비롯되었다"는 말을 선언하듯 던지면서 여자의 몸 한가운데를 적나라하게 표현한 그림을 발표했다. 그 그림을 보고 있으면 실제 여성의 성기에서 날 것 같은 냄새마저 느껴질 정도다. 쿠르베는 이 그림을 일컬어 인류를 유지시키는 여성의 출산 능력에 보내는 찬사라고 말했다.

모든 생명은 암컷의 임신과 출산으로 태어나고 포유류에 속하는 인간 역시 마찬가지라는 사실을 모르는 사람이 없는데, 마치 혼자 발견한 진리인 양 호들갑 떠는 허세가 느껴진다. 일설에 따르면 쿠르베는 성性에 대한 집착이 강한 사람, 이른바 호색한으로 유명했다고 한다. 나체를 묘사한 그림이나 조각상이 대중에 버젓이 전시되던 그 당시에도 〈세상의 기원〉은 일종의 춘화처럼 은밀하게 소비되었다. 지금은 예술작품이라는 이유로 포털에서 누구나 어렵지 않게 볼 수 있다. 심지어 어떤 사람은 이 그림을 블로그나 SNS에 올려놓아도 삭제 요청이 안 들어온다며, "이거 보고 딸 치는 당신이 용자"라는 상스러운 글까지 버젓이 써 놓고 희롱하기도 했다.

페미니스트 학자들은 〈세상의 기원〉을 여성을 대상화시킨 대표적인 예라며 예술작품이라는 이름으로 여성 성기가 포르노그래피로 남성들에게 소비되고 있다고 비판했다. "살아 있는 예술을 만드는 것. 그것이 나의 목표"라거나, "나는 천사를 본 적이 없다. 나에게 천사를 보여 주어라. 그러면 천사를 그릴 테니"라며 자신만만하게 말했다는 구스타브 쿠르베에게 여성 생식기는 어떤 의미였을까.

2014년 어느 날, 황금빛 드레스를 입은 여자가 오르세 미술관에 걸린 〈세상의 기원〉 아래 앉아 자신의 음부를 활짝 드러냈다. 남성 화가가 그린 '세상의 기원' 앞에서 자신의 몸에 있는 '진짜 세상의 기원'을 그대로 관객에게 보여 주는 룩셈부르크의 행위예술가 드보라 드 로베르티스Debora De Robertis의 퍼포먼스였다. 액자 속 그림, 그리고 미술관이라는 실제 장소에 두 개의 '세상의 기원'이 펼쳐졌다. 그녀가 퍼포먼스를 시작하자마자 미술관 보안 요원들은 '진짜 세상의 기원'을 누가 볼세

라 황급히 둘러싸 관람객으로부터 가렸다. 로베르티스
는 "여성의 성기를 그림으로 그리면 예술이고, 보여 주
는 것은 외설인가?"라고 꼬집었다.

꽃잎이 성기가 되고 성기가 세상의 기원이 되고 추
앙받다 희롱당하고…… 여자 몸의 한 부분을 둘러싸고
벌어지는 일이 다채롭기도 하다. 쿠르베는 여자의 음부
를 그려 놓고 '세상의 기원'이라는 거창한 이름을 붙였
지만, 여자 화가가 그린 '세상의 기원'은 똑같은 여성의
몸이어도 느낌은 아주 다르다.

프리다 칼로Frida Kahlo가 1932년에 그린 〈나의 탄생My
Birth〉이라는 그림은 어떤가. 여자의 성기에서 막 아기가
나오는 순간을 담은 이 그림이야말로 말 그대로 세상의
기원일 터이다.

짙은 나무 프레임 침대 위에 하얀 시트, 쿠르베의
〈세상의 기원〉과 마찬가지로 흰 천으로 얼굴을 가린 여
자가 다리를 벌린 채 누워 있다. 다른 것은 세상의 기원
이라 칭해진 아랫부분이 완전히 벌어져 아기 하나가 검
은 머리통을 막 내밀고 있는 중이라는 점이다. 머리에
이어 목 부분까지 엄마 몸 밖으로 나온 아기의 몸통은
아직 여자 배 속에 들어 있다. 여자의 몸에서 흘러나온
피가 시트를 붉게 물들이고 있다. 침대 머리맡에는 초

상화 한 점이 걸려 있는데, 지금 출산 중인 여자, 그러니까 아기 엄마의 얼굴일 것이다. 이 작품은 프리다 칼로가 엄마가 자신을 출산하는 순간을 그린 것이다. '나의 탄생'이 이루어지는 순간은 엄마라는 존재가 탄생하는 순간이기도 하다. 배 속에 있던 태아는 산도를 거쳐 세상에 나오면서 엄마라는 사람을 만든다. 저 순간, 여자는 아이를 낳으면서, 엄마가 된다. 불과 몇 분 사이에 호명이 달라진다. 엄마가 되는 여자와 자식이 되는 아이가 만나는 시뻘건 피투성이 순간. 뼈와 살이 찢어지는 짐승의 시간.

프리다의 〈나의 탄생〉은 산부인과 출산 장면처럼 너무나 노골적이고 현실적이어서 내 몸으로 출산을 직접 경험했으나 눈으로는 못 본 나로서도 비명이 솟는다. 저렇게 해서 내가 엄마의 몸에서 나왔겠구나, 저렇게 해서 내가 엄마가 되었구나!

그런데, 아이가 나온 저 성기가, 꽃으로도 비유되고 바위로부터도 연상되는 저 생식기가 여전히 섹스의 기쁨을 느끼는 부분이라는 것은, 뭐랄까, 기이하기만 하다. 거기가 그렇게 아름답지는 않다고 느낀 까닭일까. 엄마가 된 여자가, 아이를 낳은 그곳으로 다시 성교의 즐거움을 느끼고 몸의 기쁨을 욕망한다는 사실을 짐짓 모르는 척하고 싶었다. 피 흘리며 아기를 낳은 그 부

—

위가 여전히 성적 욕망의 한복판이라는 것이 너무나 그로테스크해서 바로 쳐다보기 꺼려졌다. 나 역시 엄마가 되고 난 후 다시 성생활을 하고 그 기쁨의 한 자락을 누렸음에도, 내 엄마, 혹은 나이 든 여자들을 무성적인 존재로만 여겼다. 인고의 역사, 희생의 상징, 무성적 존재로 엄마를 그려 낸 이야기를 하도 많이 봐 온 탓이었을 텐데, 최근 엄마라는 존재가 품은 (여)성적 특질을 만천하에 고한 설화를 알게 되었다.

별자리 북두칠성 설화 속 엄마와 아들들 이야기였다. 다른 이들에겐 꽤나 익숙한 이야기인 모양인데, 나는 이 나이가 되어서야 처음 들었다. 대체 왜 이걸 몰랐는지 모르겠다. 구비문학을 공부하는 자리에서 처음 우리나라 북두칠성 설화를 접했다. 그동안 내가 북두칠성에 대해 알고 있던 것은 밝은 별이 국자 모양으로 이루어진 별자리로, 사계절 내내 볼 수 있다는 사실 정도였다. 특히 북쪽을 알려 주는 북극성을 쉽게 찾을 수 있게 해 주어서 길 잃은 여행자들의 길잡이가 된다는 것. 교수님이 우리나라에서 전해지는 북두칠성 별자리 설화의 내력을 이야기하기 시작했는데 귀가 확 열리는 기분이었다.

4

한 과부가 일곱 아들(딸은 없다)을 키우면서 어렵게 살아가고 있었다. 과부니까 남편이 죽고 없었겠지. 엄마는 밤마다 나가 새벽녘에야 이슬을 맞고 집에 들어왔다. 일곱 아들이 엄마가 날마다('날마다'라니!) 밤이면 나가서 홀아비를 만나고 돌아온다는 사실을 알게 되었다. 아들들은 엄마가 행여나 깊은 개울을 건너다가 몸을 다칠까 걱정하다가 어둡고 깊은 물 속에 엎드려 징검다리가 되어 주기로 의견을 모은다. 그러고는 밤 행차하는 엄마보다 먼저 개울에 가서 자기들 몸으로 일곱 개의 다리를 놓았다. 엄마는 아들들 몸으로 놓인 일곱 개의 징검다리를 밟고 개울을 건너서 외간 남자를 만나러 갔다. 오가는 길이 편해진 것이 하도 고마워서 엄마는 이 다리를 놓은 사람이 일곱 개의 별이 되기를 진심으로 기원했다. 이야기의 얼개가 이러했다.

응? 아니, 정말? 북두칠성이 이렇게 해서 생겼다는 설화가 옛날부터 있었단 말인가. 홀어미가 아들 일곱을 홀로 키웠다는 것, 거기까지는 심상하다. 보통 이야기라면 혼자 남은 엄마가 아들들 먹여 살리느라 온갖 신산 고초를 겪겠지. 그런데 그 엄마가 새벽이슬을 헤치고 밤마다 나가 외간 남자를 만나고 돌아왔단다. 날마다? 새벽이슬이 맺히도록? 엄마가?

—

놀라운 것은 엄마뿐이 아니었다. 아들들의 행동도 그랬다. 성적 쾌락을 위한 엄마의 밤 외출을 탐탁지 않게 여기기는커녕 자기들 몸으로 개울에 다리를 놓았다니. 아들들이, 엄마의 욕망을 위해서?

놀라웠다. 이 나이가 되도록 왜 나는 이런 멋진 이야기를 모르고 있었던 건가. 제 아비 죽고 없는 일곱 아들이 정욕에 불타 밤마다 남자를 만나러 나가는 엄마를 위해 제 몸으로 다리를 만들었다는 게, 눈을 씻고 귀를 모아 다시 보고 들어도 놀랍기만 하다. 아들을 일곱이나 낳고도 자신의 욕망에 여전히 충실한 엄마도 그렇고. 설화 속 엄마의 행태가 외설스러워 널리 알려지지 않은 것일까.

아무튼 설화의 전반부는 '효불효교孝不孝橋' 서사라고 했다. 홀로 된 어머니의 기쁨을 위해서 다리를 놓아준 것은 어머니에게는 효성 깊은 행동이지만 죽은 아버지에게는 불효가 되는 셈이므로 아들들이 몸으로 놓은 다리 이름이 '효불효교'가 되었다고 하는 설명이 이어졌다. 엄마와 정분을 통하던 홀아비는 후에 의붓아버지가 되었다고 한다. 엄마는 정을 통한 남자를 아예 집에 들인 것이다! 오호라!

죽은 아버지에게는 불효, 산 어머니에게는 효라는 뜻의 다리 이름을 지어 놓은 것은 이 나라 유교적 윤리의 마지노선이었을 것이다. 설화의 후반부에서 홀아비는 엄마와 같이 살게 되었는데, 자기 만나러 편히 가라고 다리까지 놓아 준 일곱 아들을 없애려는 계략을 꾸미기까지 한다. 사별한 여자의 두 번째 남편이 되어 전남편 자식을 없애려고 죽을병에 걸린 척 꾀병을 부리며 생간을 요구하는 사내라니! 예쁘지만 사악한 두 번째 마누라인 첩, 전실 자식 괴롭히는 못된 새엄마, 무기력하고 무능한 남편이자 아버지 이야기만 보던 나로서는 전복의 재미가 확 들끓었다. 다행히 아들들은 죽지 않았고, 후에 엄마의 기도대로 하늘의 일곱 별, 북두칠성이 되는 것으로 이야기는 끝난다.

교수님은 이 설화는 엄마를 위해 정성을 다한 일곱 아들이 칠성이 되었다는 점이 부각된 이야기라고 말했다. 아니, 장한 아들 특별상이라도 만들어 그들의 갸륵한 뜻을 기려야 하는 거 아닌가. 남편 없는 엄마의 활발하고 성실한 성생활을 적극 장려하는 아들들이라니, 21세기에도 보기 드문, 깨인 아들들이 아닌가. 엄마의 욕망을 이토록 긍정적으로, 능동적으로 보여 주는 이야기라니! 결핍이 있는 인간에게 도움을 주는 존재가 북두칠성이 된 거고, 그 별자리가 인간의 덕행을 고스란히 간직하면서 인간 세상에 반드시 필요한 별자리로 확정되었다는 해석까지 듣고 보니, 밤 산책할 때 올려다보곤

—

하는 별들이 더 다정하게 보였다. 아들 일곱을 키워 내고 자기 몸의 욕망을 외면하지 않고 거침없이 충족한 엄마의 대담함과 용기를 북두칠성을 볼 때마다 떠올린다.

꽃이지만 꽃이 아닌, 꽃처럼 환하기는커녕 습하고 어두운 음부, 40년 가까이 매달 피가 흘러나오는 자리. 폭포처럼 생명력이 들끓고 오래오래 뜨겁게 불타는 생명의 기원인 부위. 여성의 생식기는 오랫동안 숭배 아니면 혐오의 대상이었다. 더불어 여자의 성욕은, 더군다나 엄마의 성욕은 드러나서는 안 되는 거였다. 나부터가 그랬다. 출산하고, 양육하고, 나이가 좀 들면 성적인 욕망은 내려놓고 그저 조용히 사는 게 좋은 거라고 생각했다. "엄마라는 사람이 어떻게 그래?" 흰 눈 치켜뜨고 모르는 척 제쳐 놨다.

아이를 낳았든 안 낳았든, 젊든 나이 들었든, 성적 욕망의 크기와 양상은 여자마다 다를 터. 갈래갈래 복잡하게 펼쳐지고 저마다 다르게 생긴 성기 모양처럼 여자들이 자신의 성을 자유롭게 사용하고 발휘하기를. 각자 자신에게 맞는 징검다리를 만들어 성큼성큼 뜨거운 욕정을 향해 달려 나가기를!

일

일하지 않는 엄마는 없다

1

임신 중 출근길에 택시 탔더니 "남편이 돈을 못 버나 보다" 같은 소리를 육성으로 들음.

— @heyjinism

"그 많은 남성 국가수반에게는 '아빠 리더십' 같은 말이 붙지 않는데, 메르켈 총리한테는 '엄마 리더십'이라는 말을 붙이는 것이 여성 혐오적"이라는 트윗에 "독일 현지에서도 '엄마 리더십'이라 부른다" 같은 코멘트를 다는 이유가 무엇일까? 설마 독일인들은 여성 혐오적이지 않다고 생각하는 걸까?

— @ppalgaengi

3년 전 언론사 면접 볼 때 대놓고 우리는 임출육(임신출산육아) 땜에 여자 안 뽑으려고 했다. 아기 낳아도 출산휴가 3개월밖에 못 주는데 괜찮으냐고 했다. 그래서 내가 저는 아이 낳을 생각이 없습니다, 했더니 면접관이 그래도 애는 낳아야지, 이랬다. ㅋㅋㅋㅋ 뭐, 어쩌라는 거야.

— @1Garodeung1

힘든 일은 남자가 하는 게 아니라 여자가 하는 일은 힘든 일 취급을 못 받는 것이다.

— @rksvk***

트위터에서 심심치 않게 보게 되는 글들이다. 면접 시에 여성들에게 대답을 강요하는 비상식적인 질문, 혹은 생각 없이 내뱉는 차별적인 언사는 차고 넘친다. 일하는 동안에도 시시때때로 치고 들어오는 질문 아닌 질문들도 수두룩하다. 어떤 남자에게도 애인 생기면 일 못하지 않느냐고 다그치지 않는다. 결혼하면 일 그만둘 거냐고 묻지 않는다. 어떤 남자가 아이 낳았다고 일을 그만두기를 종용받는가. 어떤 아빠가 아이 때문에 일을 그만두겠나. 남자들은 결혼하면, 아이 생기면 더 부추김 받고 응원받는다. 이제 어엿한 가장이니, 부양가족이 생겼으니, 더 열심히 일하고 더 많이 벌라고.

아무려나. 잔인하고 무신경하고 후안무치하게 차별적인 말들을 들으면서, 그야말로 '불의 관문'을 뚫고

—

94

여자들은 '일'을 시작한다. '직장'을 다니면서 '직업'을 갖게 된다. 일을 멈춰 본 적이 없건만, 그제야 웬 '일하는 여성'이라는 타이틀이 붙여진다. 밖에 나가 돈을 받아야 일하는 여성이지, 안에서 돈을 받지 않으면 온종일 뼈가 녹도록 일해도 일하는 여성은 될 수가 없다. 빨래, 청소, 아기 돌봄, 장보기, 음식 만들기, 노인 돌봄, 간병 등등의 노동은 내 집에서 하면 흔히 놀고먹는 일이 되고, '바깥'에 나가 '남의 집'에서 해야 그제야 '일'이 되고 '직업'이 된다. 전업주부가 똑같은 일을 집 밖으로 나가서 하는 순간 가사도우미, 육아도우미, 요양보호사, 간병인 등의 이름을 얻게 되는 그 과정은 아무리 봐도 해괴하다.

일하는 여자가 되었어도 상황은 기묘하게 삐뚜름하게 돌아간다. 임금은 불합리하게 책정되고 업무의 중요도가 미묘하게 차이 난다. 무엇보다 여자들은 능력만이 아니라 업종에 대한 사랑의 농도를 증명해야만 한다. 남자는 그 일을 얼마나 사랑하는지 확인시켜 줄 필요가 없다. 여자는 '반드시'라 할 만큼 질문을 받는다. 지금, 당신은 그 일을 얼마만큼 사랑합니까? 정말 사랑하니까 이 일을 하는 거죠?

꼭 일을 사랑해야만 하나? 남자들은 일을 사랑하지 않아도 그냥 한다. 애초에 속을 뒤집어 마음을 보여

—

줄 필요가 없다. 여자는 사회경제적 존재로서의 입증 말고도 일을 사랑하기 때문에 한다는 것을 기를 쓰고 증명해 내야 한다. 다른 누구에게가 아니더라도, 우선 자기 자신에게 '나는 일을 사랑하기 때문에 하는 거야' 하고 애써 납득시켜야 한다. 의미 있는 일이야, 중요한 일이야, 나의 성장에 도움이 되는 일이야. 암. 그렇고말고, 그러니까 일을 하는 거라고.

일하려는 여자들은 생물학적 성별의 차별이 없거나 나이, 학력, 출신지 등에 따라 달리 취급하지 않는 업종으로 모이게 된다. 여자인 것이 결격 사유가 아닌 곳, 성실하고 책임감 있게 일하기만 하면 되는 곳이라면 여성이 지원을 많이 한다. 그러다 보니 유독 여성 비율이 높은 직종이 생긴다. 출퇴근 시간이 어느 정도 정해져 있고, 임금이 비교적 공정하고, 업무 외에 신경 써야 할 일들이 적은 직종인 셈인데, 이런 일을 선택하고 성공적으로 안착한 여성들을 향해 세상은 툭툭 시비 걸며 건드린다.

특히 여교사가 많아져서 학교 교육이 연성화되고 있다면서 '교단 여초 현상'을 문제 삼곤 한다. 여교사가 득실대서 남학생들이 제대로 된 교육을 못 받는다고 생각한다면, 시비의 시초로 돌아가서 말할 수 있다.

—

태반이 여자 교사인 유치원은 왜 문제 삼지 않을까? 아기들 돌보고 키우는 사람은 주로 엄마나 할머니인데, 그렇다면 아기들의 연성화는 괜찮은가? 방과 후 돌봄 교실 여초 현상은? 병원 간호사 여초 현상은? 여성이 태반인 요양사들은? 백화점이나 온갖 서비스직 여초 현상은?

달리 물을 수도 있다. 여전히 남성 비율이 훨씬 높은 국회의 남초 현상은 문제가 없나? 남초 고급 공무원은? 남초 기업 임원은? 남초 증권인은? 정치와 경제, 기업 경영 등등이 남성화되는 것은 걱정이 안 되는가?

의사, 판사, 검사 등 폼 나는 직종을 남성들이 독차지하게 된 데에는 누구나 아는 이유가 있건만, 왜 유독 여초 직종을 들먹이는지. 짐짓 진지하게 미래의 아이들을 걱정한다는 듯이 연성화 운운하고, 공정에 목숨 건 평등주의자인 것처럼 여초 직종이 자신들에게 기울어진 운동장이라고 말하는 남성들은 일과 관련한 성별 차이에 대해 대단히 잘못 생각하고 있는 것이다.

2

타인에게는 일에 대한 사랑의 증거를 보이랴, 자기 자신에게는 자아실현을 위해 일하는 것이라는 큰 뜻을 납득시키랴 동분서주 일을 하다 보면 세월이 흐르고,

—

97

결혼을 하거나 아이가 생긴다. 아이를 배 속에 품은 채 출퇴근하다가 비로소 출산을 한다. 이제 일하는 여자에서 일하는 엄마가 된다. 집에서는 아이를 돌보고 살림을 해야 하고, 회사에는 당연히 월급 값을 해야 한다. 하나라도 제대로 하지 못하면 여자인 것이, 엄마인 것이 다 비난으로 돌아오고 '월급 루팡'으로 찍히게 된다.

　　루팡은 '대도'라도 되지, 엄마인 여자는 퇴근을 일찍 하거나 육휴(육아휴가)라도 낼라치면 쉽사리 '월급 도둑' 취급을 받는다. 말이야 바른말이지, 여자들의 월급은 루팡의 절도 수준에 도달하지도 못했다. 오죽하면 여자들은 월급 루팡이 아니라 월급 좀도둑이나 월급 경범죄자라고 부르는 게 맞을 거라고 쓴웃음을 짓는다. 반면 남자는 일 관련 아무 변화가 없다. 일단 임신과 출산을 겪는 당사자가 아니니 몸의 변화가 없다. 출산휴가를 남자에게도 준다지만 능동적으로 찾아 쓰는 사람은 많지 않다. 몸을 추스르고 아기 젖을 먹여야 하니 주로 여자가 휴직을 신청한다. 심지어 몇 달 더 휴가를 쓰면 뻔뻔하다는 소리를 듣게 된다. 경력은 끊기기 시작한다. 반대로 남자는 전면적인 응원과 배려를 받는다. 별다른 수고 없이 아빠가 된 남자는 아기 아프다고 조퇴라도 할라치면 순식간에 가정적이고 다정한 사람이 된다. 여자가 매일 하는 집안일은 당연한 것이지만, 남자가 가끔 음식을 만들고 아이를 돌보면 칭찬이 쏟아진다. 여자가 아이를 열두 시간 돌보다가 한 번 탈이 나면 모성애 부족 탓이 되고, 아빠가 잠깐 안았는데 잠이라도 들면 육아계의 슈퍼 히어로가 된다.

산후우울증이 사분오열된 마음 갈래마다 짙고 깊은 그림자를 드리운다. 여자는 아이와 살림과 직장 일 사이를 쉴 새 없이 오가며 살게 된다. 집에서는 '엄마니까', '내 새끼니까' 내가 잘해야 한다고 다짐하는 동시에, 직장에서는 '일이니까', '내 일이니까' 잘해야 한다고 이를 악문다.

하지만 질긴 천 조각도 양쪽에서 사정없이 자꾸 잡아당기면 찢어지듯이 여자의 몸과 마음에도 균열이 생긴다. 육아와 직장 일 둘 중 어느 것 하나도 소홀할 수 없는데 다 잘할 수도 없다. 어느 한쪽을 선택하더라도 행복할 수가 없다. 선택이라 함은 자신의 필요에 의해 이루어지는 것이지, 외부 조건에 의해 이루어지는 것은 선택이라기보다 떠밀림이다. 여자는 어쩌면 미쳐 버릴지도 모른다.

엄마가 되고 아이를 키우면서 일하러 다녀야 하는 당신과 같은 여자를 주인공으로 한 영화가 하나 있다. 제목은 〈툴리Tully〉, 홍보 문구가 "당신을 돌보러 왔어요"다.

—

매일매일 육아와 살림에 치여 살아가는 '마를로(샤를리즈 테론)'의 얼굴에 생기라곤 한 점도 비치지 않는다. 몸은 퉁퉁 붓고 얼굴은 피로에 절어 시들어 있다. 짝 맞춰 신발도 못 꿰어 신는 첫째 딸, 다른 아이와 조금 달리 예민하고 정신없는 둘째 아들, 태어난 지 얼마 안 되어 우는 일밖에는 할 줄 아는 게 없는 막내. 부서지고 찌들어 가는 아내 옆에서 남편이란 사람은 우는 애들 두고도 게임에 몰두하는, 보호자라기보다 또 하나의 돌봄 대상일 뿐이다.

딸이 그나마 먼저 알아차린다. "엄마 몸이 왜 그래?" 엄마는 결국 기진하여 쓰러지고 만다. 마를로를 위해 그녀의 오빠는 보모를 부르라고 권한다. 마를로는 장고 끝에 야간 보모 '툴리(맥켄지 데이비스)'를 부른다. 홀로, 몸이 망가지도록 삼남매 육아를 도맡아 돌보며 슈퍼맘을 자처해 온 '마를로' 곁에 이제 밤마다 '툴리'가 찾아온다. 그녀는 밝고 젊고 기운차고 아름다운 여성으로, 아이를 돌보는 데 베테랑이다. 완벽하고 찬란한 수퍼 보모의 현현. 툴리는 한 발 더 나아가 자기는 아이들만 돌보러 온 게 아니라 당신도 같이 돌보러 왔다고 말해 준다. 마를로에게 찾아온 툴리는 도대체 누구일까. 천사일까? 밤마다 찾아와서 아이를 재워 주고 마를로가 먹고 싶은 걸 해 주고 같이 나가서 춤추게 해 주고

—

위로해 주던 툴리는 어디서 온 존재일까? 마를로는 툴리 덕분에 행복을 되찾는다. 자신만의 시간을 가질 수 있게 되고 웃을 수 있게 된다.

어느 날, 툴리와 마를로는 함께 시내에 나가 술 한 잔을 마신다. 그런데 툴리가 돌연 이제 그만 보모 일을 그만두겠다고 한다. 마를로는 세상이 무너져 내리는 심정으로 돌아오다가 졸음운전으로 강에 빠져 버린다. 툴리가 인어처럼 마를로를 차에서 끌어내 주는 장면 뒤, 마를로는 병원에서 깨어난다. 의사가 남편에게 묻는다. 당신 아내에게 정신분열증 이력이 있느냐고.

지금쯤이면 이야기의 결말을 눈치챘을지 모르겠다. 얼마나 힘들고 우울하고 지쳤으면, 돌봐 줄 이가 얼마나 없었으면 젊은 시절의 자기 자신, 헛것을 불러들였겠나. 툴리, 그녀는 마를로 자신이었다. 마를로의 결혼 전 성이 툴리였던 것.

마를로의 상황이 너무 안되어 보여 울다가, 툴리가 찾아왔을 땐 너무 고마워 울다가, 마침내 툴리가 마를로 자신이었다는 것을 알아챈 순간 나는 통곡하듯이 울었다. 툴리와 함께한 마를로의 모든 순간이 사실은 환상이었다는 것. 자신이 죽은 줄도 모르고 귀신을 보는 아이를 치료하러 다니는 남자 의사 이야기 〈식스 센스〉의 반전보다 더 소름이 돋았다. 가족을 보살펴야 하지만 정작 자기를 보살펴 줄 사람은 아무도 없어서 돌봐 줄 천사를 스스로 만들어 내야 했던 여자, 햇살처럼 눈부신 그 존재가 환영이고 거품이었다는 사실, 젊은 자신을 불러와 도움을 받아야 할 정도로 곁에 아무도 없는 상황. 이제 나는 그 시절을 지나왔지만 젊은 여성들이 저렇게 고통받지 않기를. 나의 딸들이 장차 저렇게 살게 되지 않기를 가슴 아프게 기도했다.

3

2021년 6월 21일, TV에서 뉴스를 보았다.

"청소와 빨래, 설거지 같은 가사노동의 가치를 돈으로 환산하면 얼마나 될까?" 하는 내용이었다. 조사 결과 한 달 평균 80만 원이라는 액수가 나왔다.

노동의 가치를 따지려면 먼저 얼마나 일했는지를 알아내야 한다. 통계청에서는 '생활시간조사'라는 것으로 파악한다. 생활시간조사는 국민들의 생활양식을 구체적으로 파악하기 위해 하루에 먹고, 자고, 일하고, 청소하고, 노는 시간 등이 얼마나 되는지를 분류한 자료다. 이런 활동 중에서 제3자가 대신해 줄 수 없는 것들, 즉 식사, 잠, 운동 등은 가사노동 분류에서 빠진다. 돈 받고 하는 일과 학습, 사적인 여가 활동 따위도 제외된다. 그렇게 해서 청소, 빨래, 설거지 등 61개 항목의 일이 무급 가사노동에 포함된다. 무려 61가지. 이 일들을 얼마나 했는가를 따진 후에 그 가치를 '대체 임금'이라는 개념으로 계산해 낸다. 대체 임금은 집안일을 가족 외의 다른 사람에게 시켰을 때 지불해야 하는 돈이다.

80만 원. 2019년 기준으로 잡은 통계치의 액수니까 2021년에는 더 늘어나 있을 것이다. 특히나 2020년과 2021년 두 해는 코로나19 영향으로 가족 구성원들이 집 안에 머무는 시간이 폭발적으로 늘어난 만큼 집안일하는 시간도, 가짓수도 대폭 늘어났을 테니까. 팬데믹은 가장 먼저 무급 가사노동 시간을 늘렸다. 재택근무하는 남편과 성인 자녀, 학교에 가지 못하고 화상으로 학습하는 아이들의 식사 준비 및 학습 관리 등의 뒷바라지로 엄마들의 몸과 마음은 한층 더 고되어졌다. 게다가 집안일이란 것이, 여럿이 있는 상태에서 할 때는 혼자서 조용히 할 때보다 감정 소비까지 더 들어간다. 집안일을 같이하는 일손이 느는 게 아니라 보살펴야 할 대상이 늘어 버린 팬데믹 시기 2년 동안 전업주부이든 워킹맘이든 가사노동과 감정 노동의 수치는 한층 높아졌을 것이 불 보듯 훤하다. 누군가는 '집콕 시대'란 '가사노동 시대'라는 말로 등치했다.

허울만 그럴듯한 프리랜서라는 이름으로 집안일을 전적으로 담당하고 있는 나 역시 그러했다. 외식도 여행도 불가능하던 시기엔 집안일에서 한 발짝도 벗어날 수 없었다. 물론 그에 대한 수입은 따로 없다. 저 61가지 일을 매일같이 해도, 내게는 80만 원조차 들어오지 않는다.

노동의 가치뿐만 아니라 사람의 목숨 값과 상해 보상은 그 사람의 생전 직업, 성별, 평균 소득, 건강 상태, 기대 수익 등으로 산정된다. 같은 사고, 같은 죽음이더라도 그 보상액은 사람에 따라 천차만별이다. 여성, 특히 전업주부가 사고를 당했을 때 생명보험이나 상해보험이 산정하는 액수는 늘 형편없었던 것으로 알고 있다. 통계청에서 발표한 무급 가사노동 가치 80만 원이나 제대로 산정되어 나오려나. 여성의 집안일은 무직으로 분류되어 살아서도 보상받지 못하는데 사고나 사망 후인들 제대로 대우받을 수 있을까.

'아기랑 집에서 편하게 놀고먹는 무직 엄마'라는 비하적인 시선과 대우는 보험회사한테서만 받는 것이 아니다. 주변 사람들, 식당 주인들, 심지어 제 자식들에게서도 엄마라는 직업 아닌 직업인들은 수시로 무시당하고 폄하된다. 엄마라는 존재는 모두가 숭앙하면서 엄마의 일은 아무도 가치 있게 여기지 않는다.

"'남편이 벌어다 주는 돈으로 집에서 한가하게 노

는 여자'라는 인식은 기혼 남성들 사이에서만 있는 게 아니더라. 10, 20대 남자들도 똑같음. 옛 남자 친구가 '집에서 아무것도 안 하고 놀기만 하는 엄마가 부럽다'고 말했을 때 네가 정말로 네 엄마의 삶을 알고 존중한다면 그런 말은 절대 할 수 없을 거라 했어"라는 젊은 여성의 글을 읽었고, 십 대 아들이 "엄마는 집에서 놀기만 해서 부러워"라고 말하는 걸 듣고 기가 막혔다는 지인의 이야기를 들었다. 그 어린 아들이 아빠는 엄마보다 힘들게 일한다며 안쓰러워한다는 이야기도.

일하지 않는 여자는 없다. 일하지 않는 엄마도 없다. 회사를 다니며 일하는 엄마들은 죄책감과 이중 노동 사이에서 심적·육체적으로 시달리고, 집에서 전업으로 살림하는 엄마들은 같은 일을 하면서도 무보수, 무시, 무능력으로 시들어 간다. 회사 일을 하면서는 집안일과 아이 걱정에, 육아와 살림하면서는 회사 일 걱정에, 일하는 엄마들의 몸과 마음은 매일매일 사분오열된다.

일과 가정 사이에서 고군분투하는 여성을 그린 영화 〈하이힐을 신고 달리는 여자〉의 원제는 "I Don't know how she does it"이다. 회사 동료도, 친구도, 남편도, 심지어 아이도 그녀가 하는 일들을 보며 감탄한다.

"어떻게 그렇게 많은 일을 다 하고 살 수 있어요?" 워킹 맘의 현실은 세계 어디나 비슷한 모양이다.

피

우리의 우울과 분노에는 이유가 있다

1

남: 기분이 안 좋아 보이네. 생리 시작할 때 됐나 봐?

여: 아니야, 진짜! 내가 조금만 이상해도 생리하는 줄 아는 거야?

두 사람은 헤어지기로 하고 각자의 물건을 나누기 시작한다.

남:《호밀밭의 파수꾼》은 누구 거지?

여: 내 이름 적혀 있으면 내 거지. 내 책에도 전부 당신 이름 써 놨잖아.

남: 죽음에 관한 책은 전부 당신 거야. 시집은 전부 내 거지. 오, 기분이 안 좋은 걸 보니 생리 중인 게 분명해.

—

또 남자가 여자에게 생리를 들먹인다.

　영화 〈애니 홀Annie Hall〉의 장면이다. 앨비는 여자 친
구 애니의 행동과 기분을 걸핏하면 생리와 연결한다.
부정적일 때만 골라서. 다 안다는 듯이. 손톱 밑에 피
한 방울만 맺혀도, 콧구멍에서 피 한 줄기만 흘러도 자
지러지게 놀라는 주제에, 28일마다 최소 3, 4일씩 몇 리
터의 피를 쏟는 여자에게 이죽거리며 건네는 남자의 말
본새를 볼작시면 실로 어처구니가 없다.
　〈애니 홀〉에서뿐만 아니라, 여자에게 생리 운운하
는 말을 쏟아내면서 희롱하거나 꽤나 해박한 지식을 가
진 양 떠드는 남자 캐릭터는 영화, 소설 그리고 현실에
서 어렵지 않게 찾을 수 있다.

　"Most Girls get their first period when they are
around 12. Every Girl's body has it's own schedule."

　"12세 무렵 대부분의 여자는 첫 생리를 시작한다.
여자들은 몸에 따라 저마다 다른 생리 주기를 갖는다."
　미국 어린이 건강 시스템의 보건 자료에 나오는 말
이다. 여자들은 저마다 다른 생리 주기를 갖는다. 이 간
명한 정의를 남자들에게 알려 주고 싶다. 생리할 때마

———

다 여자가 종잡을 수 없이 변하는 바람에 불편하다는
그들에게.

"다 피싸개들인 주제에."

월경하는 여자들을 비하하는 말이 여기까지 왔다.
여자들이 남자보다 잘나 보일 때, 월등하게 일을 잘해
낼 때, 자신들이 구석에 몰린다고 여겨질 때면 여성 전
체를 일차원적으로 끌어내려 모욕하는 남자들의 저열
한 언사는 '피'라는 명사에 '싸개'라는 단어까지 붙여 부
르기에 이르렀다. 처음 들었을 때는 아연실색했다. 여
성의 몸에 대한 혐오 표현이 끝장까지 왔구나 싶었다.
그 졸렬한 인식 수준에 숨이 막혔다. 여자라는 인간이
무서운가. 피가 두려운가. 어쩌면 부러운 건가. 그러지
않고서야 생리혈에 대해 이토록 발작할 까닭이 없는
일. 피를 흘리는 여자라야 자기 2세를 가질 수 있을 텐
데. 십 대 여자아이들은 같은 반 친구나 남자친구에게
서 저런 말을 하도 들어 화조차 나지 않는다고들 했다.

내가 처음 본 생리혈은 내 것이 아니었다. 엄마의
피였다. 초등학생 4, 5학년쯤 되었던 어느 날 아침이었
다. 눈뜨면 제일 먼저 대청마루 구석에 놓인 요강부터
비우는 엄마가 그날은 늦잠을 잤나, 식사 준비로 바빴

나, 마루 끝에 그냥 있었다. 비우려고 요강을 들다가 그 속의 붉은 피를 봤다. 붉게 물든 개짐*, 소창**으로 만든 천 생리대가 들어 있었다. 멘스라는 소리는 들어 보긴 했으나, 월경이 정확히 뭔지 몰랐던 그때, 아직 '여자'가 되지도 않았던 그때, 난생처음 그 피를 본 거였다. 한밤 중에 피를 쏟았을 게 분명한 엄마가 무서워졌다. 피를 저리 많이 흘렸으니 죽을까 봐 무서운 게 아니고, 엄마의 몸이 여자로 느껴지는 것이 두려웠던 것 같다. 이따 금 재미난 이야기를 해 준다면서 동네 아줌마들에게 들은 시답잖은 음담패설을 전해 주던 엄마의 달뜬 얼굴이 새삼 징그러워 보였고, 종종 한겨울 이부자리에 아빠와 작은오빠 사이에서 잠든 엄마의 몸을 보는 게 부끄럽고 난감했다.

우리 엄마가 월경을 하는 사람이구나.

여자 몸속의 뭔가가 남자의 뭔가를 자궁에서 만나 지 못하면 핏덩어리를 쏟으면서 온몸이 뒤틀리게 아프 게 된다는 것을 열다섯 살에 알았다.

---

*   과거에 여성이 월경할 때 샅에 차던 헝겊.
**   이불의 안감이나 기저귓감 따위로 쓰는 피륙.

― 멘스야. 너도 멘스를 시작했구나.

생리대를 갖다주며 어른처럼 가르쳐 준 사람은 엄마가 아니라 동갑내기 친구였다. 읍내에서 양품점을 하고 있던 언니를 둔 숙이가 공짜로 코텍스 생리대 한 통을 꺼내 주고는 팬티 안에 넣는 법을 가르쳐 줬다. 좀 늦된 나에 비해 성숙한 숙이 덕분에 첫 생리를 무사히 치렀는데, 어찌 된 셈인지 며칠 지나지 않아 학교 남자애들이 내가 월경을 시작한 것을 다 알게 되었고 걔들의 수군거리는 소리가 내 귀까지 들려오기도 했다. 그때도 그게 이상했다. 왜 남자애들이 내 피를 두고 귓속말을 주고받을까. 종종 너무 아파서 양호실 침대에 누워 있었고 조회시간에 풀썩 쓰러지기도 했다.

2

나의 생리 폐업, 그러니까 완경은 48세쯤이었다. 달마다 하던 월경이 그야말로 깨끗하게 끊겼다. 더 이상 속옷을 삶아 빨지 않아도 되었다. 생리대를 살 필요도, 여행 일정을 조절할 필요도 없어졌다. 허리가 끊기도록 아파하지 않아도 되었고 중요한 행사를 앞두고 배란 일정을 조절하기 위해 피임약 같은 걸 먹지 않아도 되었다. 그리고 어느 날 몸을 씻다가, 내 몸 아래쪽 털

―

이 하얗게 변해 있는 것을 발견했다. 머리카락은 벌써 하얗게 세었으나 거기 털마저 색이 변하는 줄은 몰랐다. 그야말로 완전한 졸업이었다.

월경을 끝내고 완경을 이룩했다는 것보다 음모가 하얗게 된 것에서 여성의 몸으로서의 역할이 끝났다는, 숙제를 마쳤다는 기이한 쾌감이 충격과 함께 당도했다. 난 이제 피를 흘리지 않는다. 피싸개가 아니다. 임신하지 않는다. 앞으로는 내가 화를 내고 짜증을 내고 언짢아하고 충동적으로 뭔 짓을 한다 해도, 생리 탓으로 들먹거리면 안 된다. 화를 내든 소리를 지르든 울부짖든 그것은 정녕 피 때문이 아니라 정확한 '이유'가 있는 것이고 '원인 제공자'가 있어서인 것이다. 앞으로 어딘가 다치지 않는 이상 내 몸에서는 피 한 방울도 흘러나오지 않을 것이다.

보통 28일 주기로 피 흘리는 여자들이, 완경이 되기 전 생리를 완전히 멈추는 기간은 임신해 있는 10개월 동안이다. 그리고 출산 후 아기에게 젖을 먹이는 수유 기간까지. 남자들이 피싸개들이라 놀리는 여자의 그 피는 제 분신이라고 덜덜 떨며 치받드는 자식을 잉태했을 때만 밖으로 나오지 않는다. 그 피로 태아를 만들고 키운다. 그렇다면, 피 흘리는 여자들을 함부로 다루고 놀리고 혐오하던 남자들이, 유일하게 피를 흘리지 않는

—

상태가 된 여자, 임산부를 어떻게 다루나 살펴보자. 월경 히스테리와 무관한, 임신한 여자는 이 나라에서 어떻게 대접받나.

2021년 9월 중순, 한가위를 며칠 앞둔 날이었다.

SNS에 글 한 줄이 보였다. '이런 나라에 살고 있다니.' 그 아래 두 장의 사진이 붙어 있었다. 전철 끝자리 분홍색 임산부 배려석 사진이었다. '내일의 주인공을 맞이하는 핑크 카펫'이라는 슬로건 아래 배가 나온 임산부 픽토그램이 붙어 있고, 오른쪽에 작은 원을 하나 더 그려 놓고 '임산부 먼저'라고 쓰여 있었다. 여느 임산부 배려석과 다를 바 없었다. 그런데 그곳에 진분홍색 스티커 하나가 더 붙어 있었다. 놀랍게도 볼드체 글씨는 '페미니즘 OUT!'이었다. 헤드카피 아래 글은 이랬다.

"임산부 있으면 비켜 주면 될 거 아냐? 근데 나는 노인, 장애인한테 양보하고 싶거든? 배려도 강요되어야 하나? 심지어 누구한테 배려해야 하는지까지 강요당해야 해? 이건, 실질적으로 〈여성 전용석〉을 만들어서 성별 갈등 부채질하는 페미니즘 좌석임을 이제 모든 시민들이 알고 있어!"

임산부 좌석 앞에서 누군가 직접 찍은 사진이었다.

저 '페미니즘 아웃'을 외치기 위해 써 붙일 문구를

궁리하고, 돈을 들여 스티커를 수백 장 인쇄하고, 지하철 임산부 좌석마다 찾아다니며 꼼꼼히 붙이며 다녔을 어느 남자(이겠지?)의 세계관과 시간을 생각한다. 임산부 있으면 비켜 준다고? 여자가 아이를 데리고만 있어도 '맘충'이라고 손가락질하면서?

왜 어떤 남자들 눈에는 임산부석이 강요로만 보일까. 버스나 지하철에 핑크색 좌석 한두 개 설치해 놓은 것이 왜 그다지도 분노할 일일까. 두 사람이 한 몸으로 서 있으면 힘들겠다는 건 상식으로 알 수 있는 사실 아닌가? 임산부석이 어쩌다 따로 마련되었는지 아는가 모르겠다. 한국이 유독 여성을 우대해서가 아니다. 애초에 남성 노인들이 임산부들이 노약자석에 앉는 것을 두고 사사건건 시비 걸고 심지어 폭력까지 휘둘러서 만들게 된 것이다. 예전엔 서 있기 불편한 이들을 위한 좌석이 '노약자석'으로 통합되어 있었다. 나중에 배려 좌석으로 이름을 바꾸었지만 임산부가 이용하기는 어려웠다. 여자들이 비혼을 지향하고 출산율이 곤두박질치는 현실에 혀를 차면서도 임신한 여자에게 좌석 하나 양보하기 싫다는 심리를 어떻게 이해해야 할까.

생리하는 여자들을 '피싸개'라고 모욕하고, 틈만 나면 여자들의 심리 상태를 생리와 연결 지어 조롱하고, 임신하면 길거리 나다니지 말라고 위협하고, 아이 낳으면 '맘충'이라고 욕하고, 아이와 어디라도 갈라치면 노 키즈 존을 만들어 막아 버리고…… 성실할 만큼 촘촘하고도 꼼꼼한 무시와 차별이다. 당신도 엄마 배 속에서 나왔다거나, 네 누나나 여동생을 생각하라거나, 당신 아내와 딸도 겪을 거라는 말도 소용없다.

3

미러링의 원조라 할 만한 소설《이갈리아의 딸들》은 남성과 여성의 성역할이 뒤바뀐 가상 세계를 배경으로 한 작품이다. 이갈리아에서 여성의 피는 자랑스러운 것이다. 여성의 생리혈은 고귀한 것이므로, 이갈리아에서 피 흘리는 여자는 가장 숭앙받는 존재가 된다. 나라 이름 이갈리아마저 평등주의자egalitarian와 유토피아utopia를 합성한 것이다. 달력도 태양력이 아닌 여성의 생리 주기를 맞춘 음력을 사용하기 때문에 열두 달이 아니라 열세 달이다. 이갈리아에서는 여자들이 생리를 시작하면 아이를 가질 수 있는 몸이 되었다는 신호로 받아들이고 축제를 연다. 피 흘리는 몸을 보이고 가슴을 열어젖히고 환성을 터뜨리는 여자들을 남자들은 부러운 눈으로 바라본다. 남자들은 생리를 하지 않는, 아기를 갖지 못하고 출산을 할 수 없는 자신의 몸을 부끄럽게 여긴다. 남자들은 성기에 정조대 같은 '페호'를 차고 살아

—

야 하고, 섹스는 오로지 여자들의 몸 상태에 따라서만
할 수 있다.

여성의 월경을 신성의 경지까지 올려놓은 이갈리
아에서 월경 축제는 국경일에 버금가는 날이 된다. 우
리 현실에서는 여성들이 생리를 감추려 애쓰고 월경 때
문에 여러 고통을 겪지만, 이갈리아에서는 영광스럽고
자랑스러운 일이므로 핏빛 깃발을 휘날리고 생리혈이
묻은 생리대를 흔들면서 떠들썩하게 축제를 즐긴다.

우리나라에서도 2002년 종로 한복판에서 '월경 페
스티벌'이 열렸다. 젊은 페미니스트들이 월경은 자랑스
러운 일이라고 큰소리로 외쳤다. 서로 다른 생리대로
장식한 월경나무를 세우고 피를 나눈 자매들이 손에 손
을 잡고 축제를 즐겼다. 1999년 처음 시작된 월경 페스
티벌은 피에 대한 혐오가 백래시로 밀려오는 요즘도 다
양한 단체, 여러 지역에서 계보를 이어 가고 있다. 월경
이 더럽거나 부끄러운 것이 아니라 위대한 것이라는 생
각을 공유하기 위해서이다.

이갈리아에서는 피임약은 당연히 남자가 먹어야
하고, 쾌적하고 안전한 장소에서 여성이 축복받으며 출
산하면 아기는 남자가 길러야 한다. 엄마인 여자가 너
의 아기가 틀림없다는 '부성보호' 인정을 해 주지 않으
면 버려진 남자가 되어 쓸쓸하고 비참하게 살아야 한

다. 남자는 성관계 후 여성에 의해 부성보호를 받을 수 있는 특혜를 입을 수도, 가차 없이 버려질 수도 있다. 결혼을 할지 말지도 여자가 정하는데, 운 좋게 '하우스 바운드' 지위를 획득하더라도 아이 양육과 집안일은 남자가 맡는다.

출산은 탄생궁전에서 고통 없이, 온전한 배려를 받으며 이루어진다. 여자는 좋아하는 음악을 들으면서 산통을 다스리고 종교적 제의처럼 아기를 낳고 엄마가 된다. 탄생궁전에서는 오로지 산모의 안전과 평화만이 최우선된다. 소수의 전문가와 신성한 사람이 출산의 전 과정을 지켜보면서 세심히 보살핀다.

현실에서는 어떤가. 탄생궁전은커녕 약 냄새 짙게 풍기는 산부인과 분만실이나 차가운 수술실에서 환자복을 입고 아이를 낳는다. 무통 분만이니 수중 분만이니 유도 분만이니 하는 분만법이 나오고, 제왕절개로 진통 없이 낳을 수 있는 시대가 되었다고는 하나, 여전히 출산은 목숨을 건 행위이기도 하다. 산모들은 의사가 다루기 편하도록 침대 위에서 양다리를 한껏 벌린 채 굴욕적으로 누워 있어야 하고, 의사들은 산도를 확인하기 위해 질 안으로 수시로 손을 집어넣기도 한다. 분만 장소가 집에서 병원으로 옮겨지면서 산모들은 관리 대상이 된다.

인간 종의 절반 가까운 이들이 사용하는 생리대는 위험 물질로 만들어졌고, 그마저도 구입할 형편이 안 되는 이들이 많이 있으며, 배란통이나 월경통으로 여전히 많은 여성이 고통받는다. 여자들의 피에 관해서라면 개짐 쓰던 우리 엄마 시대에서 한 발짝도 벗어나지 못했다.

　　천지개벽해도 바뀌지 않을 일이지만, 남자가 월경을 한다면 어땠을까. 그 통쾌한 상상을 이미 30여 년 전 글로리아 스타이넘이 글로 풀어냈다. 그녀는 《남자가 월경을 한다면》에서 이렇게 썼다.

　　어느 날 갑자기 이상하게도 남자가 월경을 하고 여자는 하지 않게 된다면 무슨 일이 벌어질까?
　　그렇게 되면 분명 월경이 부러움의 대상이 되고 자랑거리가 될 것이다. 남자들은 자기가 얼마나 오래 월경을 하며, 생리량이 얼마나 많은지 자랑하며 떠들어 댈 것이다. 초경을 한 소년들은 이제야 진짜 남자가 되었다고 좋아할 것이다. 처음으로 월경을 한 날을 기념하기 위해 선물과 종교 의식, 가족들의 축하 행사, 파티들이 마련될 것이다.
　　지체 높은 정치가들의 생리통으로 인한 손실을 막기 위해 의회는 국립 월경불순 연구소에 연구비를 지원한다.

—

의사들은 심장마비보다는 생리통에 대해 더 많이 연구한다.

연緣

널 안 낳았더라면 어쩔 뻔했니?

1

인연은 재앙이니라–

내가 너무 배가 고파

어두움 속에서

달덩이같이 삭발한 그리움을

하나 걸어두었더니

꿈인 듯 생시인 듯

이상한 향기 나는 白馬가 날아와

내가 하늘을 타고 갔느니라–

오색구름 속에 황금 궤가 홀연히

걸려 있는데

너무 곱고 너무 신령하여

내가 그만 외상으로 너희들을

사오고 말았더니라–

인연은 재앙이니라–

___

뭉게뭉게 퍼져가는 암세포처럼
시시각각 외상값은 계속 불어나
강아지같이 불쌍한 내 새끼들아,
너희가 갚아야 하느니라,
맷돌을 목에 걸고 여기저기 쏘다니다
광견병 든 개처럼 맞아서 죽더라도
잔인한 것은 내가 아니다
흡혈귀는-나는-아니다

고문처럼 질긴
철천지의 사랑-
이 무슨 원한의 달콤한
피 냄새-나는
아니다-내 착한 새끼들아
인연은 후환이니라-

     ─ 김승희, 〈어머니가 나에게 가르쳐 주신 말〉

 오색구름 속 황금 궤라니! 너무 곱고 신령하여 외
상으로 자식들을 사 왔다니! 벼락처럼 치고 간 시였다.
나를 밴 엄마는 무슨 꿈을 꾸고 나를 낳았을까. 태몽이,
좀 찬란하고 훌륭했으면 좋겠다. 유명하고 성공한 사람
들이 자랑스럽게 이야기하는 자신의 태몽, 엄마에게 들

었다는 그 신묘한 태몽이 현생보다 부러웠다. 저렇게 시초부터 다르니 성공했을 거야. 그래서 물어봤다.

"나 가졌을 때 무슨 꿈 꿨어, 엄마?"

엄마는 기억이 안 난다며 우물쭈물했다. 내 위로 다섯 명의 형제가 있었으니 그럴 만도 했겠으나 쭈뼛거림이 왠지 아쉬워서 애가 닳았다. 난 성공하지도 훌륭해지지도 않을 모양이야. 엄마가 태몽도 안 꿨으니. 시무룩하게 실망한 스무 살이었다. 태몽은커녕 심지어 엄마는 나를 몇 시에 낳았는지도 몰랐다. 사는 게 팍팍하고 신산스럽던 시절, 남들 하듯이 점쟁이 말이라도 들어 볼까, 언제 사는 게 편안해질까, 앞날의 형상을 알아보고 싶어서 나 낳은 시를 물어보았다. 사주를 보려면 태어난 시를 알아야 한단 말이야. 기억을 더듬어 봐. 자식 낳은 시간도 기억 못 하진 않을 거 아냐? 저녁쯤이었나, 새벽이었나. 어스름한 무렵이었는데. 밥을 하려고 부엌에서 쌀 씻는데 배가 사륵 아프잖니. 진통이 와서 방에 들어가 널 낳았는데. 그게 해가 지려던 때인지, 뜨려던 때인지 모르겠다. 그때는 집에 시계도 없었잖니? 볼 줄도 몰랐고. 그래도 날짜는 확실히 알지. 동짓달 열사흗날. 윗집 이모할머니가 와서 널 받아 줬어.

——

한 번 더 실망스러웠다. 엄마를 만날 때마다 낳은 시를 기억해 내라고 채근하다가, 내가 태어날 때쯤 이미 여덟 살이던 큰언니에게도 물어보았다. 여덟 살이되어서 학교를 들어가야 하는데 내가 태어나는 바람에 일 년을 꿇으면서 날 업어 키워야 했다는 큰언니도 정확히 몇 시에 내가 세상으로 나왔는지는 기억하지 못했다. 놀러갔다 왔던가, 일하고 왔던가. 집에 오니까 네가 방에 놓여 있었어. 그렇게만 말해 줬다. 부모가 없는 것도 아니고 낳은 날은 알면서 낳은 시를 왜 모르는 거야. 그게 왜 그렇게 섭섭하던지. 아무튼 난 태몽도 없이, 태어난 시도 모르고 이 세상에 나왔다. 당연히 점을 치러 가서도 쭈뼛거릴 수밖에 없었다. 몰라요. 고개를 저었다. 사주 볼 때 가장 중요한 낳은 시를 모르니 내 미래를 말해 주는 사람의 말을 믿을 수 없었다. 인생이 생각대로 풀리지 않을 때면, 불투명한 미래를 엄마 탓으로 돌리고 싶어지곤 했다.

"널 안 낳았더라면 어쩔 뻔했니?"

어쩌다 나 하는 짓이 마음에 들 때면 엄마는 그렇게 말했다. 대견해라, 눈빛이 말하고 있었다. 어쩌긴 뭘 어째. 안 낳았더라면 나 없이 나머지 자식이랑 잘 살았

—

겠지. 별다른 감동은 없었다.

　태몽 없이 태어났으므로, 낳은 시도 모르는 엄마를 가졌으므로 내 아이를 가졌을 때 근사한 태몽을 꾸고 싶었다. 꿈이 마음대로 꾸어지진 않을지라도 빛나는 태몽을 꾸기를, 내 아이들에게 자랑스럽게 말할 수 있기를 간절히 바랐다.

　2
　태몽을 꾸긴 했다. 큰딸을 가졌을 때는 밤 꿈을 꾸었다. 커다란 주머니가 달린 한 폭으로 된 원피스를 입고는 깊은 숲에 들어가 굵다란 알밤을 욕심껏 주워 담았다. 선명하고 확실한 태몽이었다. 사람들에게 말하니, 아들 꿈이라고 했다. 몇 달 후 밤처럼 빛나는 이마와 마늘씨 같은 코를 달고 큰딸이 태어났다. 낳은 시를 정확하게 기억했다. 11시 3분. 아기 손목에 그렇게 적혀 있었다. 권혁란 씨 아기. 그러나 출생 등록부에는 날짜가 다르게 올랐다. 이름을 지으려고 사주를 들고 가니 한 스님이 이 아이는 태어난 날짜보다 하루 앞선 날짜로 생일을 해 먹으면 만사가 형통이라고 했다. 22일을 21일로 등록하고 그날을 생일로 삼았다. 1년 동안 방생을 해 주면 좋다고 해서 매달 음력 초하루에 미꾸라지, 붕어, 자라 따위를 사다가 한강에 풀어 주는 방생

의식을 했다. 아이에게 좋다면야 못 할 게 없었다.

둘째는 금 무를 뽑는 태몽을 꾸었다. 높은 언덕을 숨이 턱에 닿을 만큼 한참 걸어 올라가니 하늘 아래 드넓은 밭에 무엇인가 반짝여 가까이 가 보니 금빛 무들이었다. 쑥쑥. 무를 잔뜩 뽑아 품에 안고 돌아왔다. 사람들은 또 아들 꿈이라고 했다. 둘째 딸은 3킬로그램도 안 되는 작은 몸으로, 하도 안 나와서 흡입기로 뽑아내 정수리 쪽 머리통이 무처럼 길게 뽑혀 태어났다. 난 시각은 큰딸과 1분 차이. 11시 4분이었다. 이름을 지으려고 사주를 보냈더니 다음 자식(!)은 아들 보라는 의미인지 누가 봐도 남자 것이 분명한 이름이 지어져 왔다. 다시 지어 달라고 매달려, 그나마 중성적인 느낌의 이름을 받았다. 두 딸의 엄마가 되었다. 이 아이들 전에 나는 사실 아이를 여럿 잃기도 했다.

앞서 말한 김승희 시인의 시는 《왼손을 위한 협주곡》이라는 시집에서 읽었다. 인연은 재앙이고 후환이라니. 스무 살 갓 넘어 이 시를 처음 읽었을 때 충격이 컸다. 부모 자식 관계는 사랑이자 선물이자 천륜이자 피의 연결이라고 막연히 믿던 어린 시절. 고문처럼 질기다는 인과 연이 어떤 것인지도 모르면서 무섭도록 떨렸다.

———

시어머니는 두 아이 이름을 다 스님에게서 받아오고 새댁인 나를 데리고 절에 가기를 좋아하시더니 어느 날부터인가, 가톨릭에 귀의하셨나, 경대 위에 마리아상을 들이시고 레지오 봉사인가를 다니셨다. 아무래도 괜찮았다. 방생한 물고기들은 한강을 유영하다 죽었을 거고, 아이들은 다 자랐고 어린 엄마이던 나도 무럭무럭 자라 한껏 펄럭이며 살았다.

널 안 낳았더라면 어쩔 뻔했니? 부지불식간에 엄마가 했던 말이 내 입에서 튀어나왔다. 무슨 타령처럼 딸들에게 그 말을 자주 했다.

아마도 너희를 안 낳았더라면 나는 이미 죽었을 거야. 죽는 게 별일은 아닐 수도 있지만, 너희가 태어나지 않았다면 여태 살아 있을 것 같지 않아. 딸들은 어느 날은 웃으며 들었고, 어느 날은 부담스러운지 슬쩍 자리를 뜨기도 했다. 딸들 덕분에 어엿한 사람 구실을 하게 된 적이 많아졌다.

출판사도 그만두고 이리저리 돌아다니며 여러 가지 일을 하며 글을 쓰는 내게 특(수)고(용) 노동자라는 직업명을 만들어 준 사람도 딸이다. 수입이 형편없이 줄었던 팬데믹 기간 동안 긴급 안정 지원금이 절실할 때였다. 수입의 몇 퍼센트가 줄었는지 무슨 서류를 준비해야 할지 몰라 두리번거릴 때 딸은 번개처럼 빠른 속도로 통장과 이전 출판계약 서류와 수입 증빙 자료까지 준비해 지원금을 받을 수 있게 해 주었다. 딸이 없었으면 불가능했을 일이었다. 돈을 받은 것보다 '특고 노동자'로 이름을 붙여 준 것이 고마웠다. 예술인 증명을 받게 해 주고 예술인 카드를 만들어 준 것도 물론 딸이다. 서류 떼는 데 젬병인 엄마 대신 복잡한 서류들을 살뜰히 준비해 주었다. 아, 근 10년간 내지 못해 멈춘 국민연금을 되살려 나중에 연금 받을 수 있게 한 것도 딸이다.

국민연금관리공단에서 날아온 안내장을 딸이 우연히 본 것이 시작이었다. 지난 직장에서 국민연금으로 떼어 낸 것이 모여 한 500여 만 원, 그 뒤 휴지기가 오래 이어졌다. 직장인이 아니라 프리랜서로, 근근이 아르바이트나 외주로 편집이나 교정교열 일을 하면서 돈을 벌었지만 연금 납부는 멈췄다. 연금을 납부하지 않은 기간이 오래되어 자격이 소멸된 탓에, 연금을 받으려면 몇 가지 조치가 필요했다. 예나 지금이나 돈에 제대로 관심을 쓴 적이 없는지라, 곧 다가올 노년에 어떻게 먹고살 것인가에 대해서도 알아 둔 것이 없었다.

어느 날 휴가를 얻은 딸이 같이 국민연금관리공단

을 가자고 해서 둘이 손잡고 찾아갔다. 딸 나이 또래의 담당 직원에게 이리저리 설명을 듣고 질문을 하는 내 딸의 모습은 기둥이자 지붕이자 서까래 같았다. 은행에 다니는 딸은 공단 직원의 말을 척 하면 척 하니 알아들었고, 연금 계산을 착착 해 본 뒤 선택지를 정리했다. 그리고 납부 공백이 된 액수를 분할하여 돈을 넣어 주기로 했다. 순전히 딸 덕에 나는 다시 연금 가입자가 되었고, 몇 년 후 연금 수령 시기가 되면 얼마간이나마 매달 받을 수 있게 되었다. 생명보험도 있고 간병보험까지 들어 놨으니 이제 잘 살다가 죽으면 될 것 같다.

딸들은 무슨 인연으로 내게로 와 빚을 갚듯 나를 살 수 있게 해 주고 있는 것인지. 너희를 안 낳았더라면 어쩔 뻔했니, 자꾸 중얼거리게 만들었다.

3

영화 〈그래비티Gravity〉에서 주인공 라이언 스톤 박사(산드라 블록)는 허블 우주망원경을 수리하기 위해 우주 왕복선으로 파견된다. 하지만 폭파된 인공위성 잔해가 날아오면서 동료와 떨어져 우주를 표류하게 된다. 그녀는 광막한 우주에서 생과 사를 오가며 아이를 떠올린다. 영화에 아이는 등장하지 않는다. 아이는 저 아래 지구에서 이미 죽었다. 캄캄한 우주 한가운데서 죽은 아이를 그리워하며 동그랗게 몸을 말고 웅크린 주인공의 모습은 흡사 양수 속 태아의 모습 같다. 탯줄처럼, 그녀의 몸에는 호스가 매달려 있다. 마지막 숨이 얼마 지나지 않아 멈추게 될 것이다. 탯줄을 끊고 세상으로 내보낸 아이, 얼마간 살다가 먼저 죽은 딸이 떠난 곳으로 갈 수 있을까. 모든 희망의 스위치를 끄고 죽은 딸에게 가고 싶다고 여자는 생각한다. 빨리 가고 싶어, 너에게. 살려는 몸짓은 그만두겠어. 너를 잃고 내가 어떻게 살아가? 스톤 박사는 죽음 쪽으로 가려고 그 600킬로미터 상공으로 건너간 것일까. 그래비티, 그래비티 하다 보면 왠지 모르게 그레이브가 떠오른다. 중력, 그래비티, 무덤, 그레이브. 저기 중력 없는 우주의 고요함과 땅 밑 무덤의 어둠, 닮았잖아.

우여곡절 끝에 지구로 귀환해 처음 내딛는 발. 러닝타임 내내 허공에 들려져 있던 여자의 발은 마침내 지구의 땅을 딛는다. 탯줄이 떨어져 나가듯이, 호스로 연결된 우주복에서 벗어나 맨발로 지표를 딛고 서는 여자의 뒷모습이 이 영화의 마지막 장면이다. 그녀를 삶으로 잡아당긴 힘, 저 컴컴하고 적막한 우주에서 지구로 끌어당겨 살게 한 힘은 어디서 온 걸까?

얻고도 잃고도 이어지는 삶의 이야기. 너 없이 못 살겠다고 몸부림치는 집착이 아니라, 너를 잃고도 살아

보겠다는 그악스러움이 아니라, 서로를 태어나게 하고 살게 하고 때로는 죽고 싶게도 만드는 피와 연의 충실한 몸짓으로서 엄마와 딸의 이야기를 본다. 엄마는 나를 낳고 떠났다. 나는 내 딸을 낳았고 언젠가 죽을 것이다. 엄마와 딸 사이에만 연결되는 줄, 때로는 생명선이, 때로는 올가미가 되는 그 줄. 그런 것들을 생각한다.

밥

엄마도 남이 해 준 밥이 맛있다

1

"엄마 미안해. 찌개는 요기가 더 맛있어"라고 쓰인 배달 앱 광고가 붙어 있었다. 아파트 주차장에 주차된 자동차 옆구리 가득 선명하게. 배달용으로 사용하는 차량 주인이 같은 동에 살고 있는 모양이었다. 무더위가 기승이던 뜨거운 여름 한복판이었다. 오늘은 뭘 만들어 식구들을 먹여야 하나, 고민하며 시장 보러 갈 때마다 보였는데, 거기 붙은 전화번호를 눌러 보진 않았다. 미안하긴 뭐가 미안해? 엄마가 해 준 게 제일 맛있다고 추어올리면서 밥해 달라고 조르는 것보다 차라리 좋은걸. 제발 사람들아, 저기서 찌개 시켜 먹어. 엄마가 한 것보다 맛있는 그 찌개 배달시켜서 엄마랑 함께 먹어. 나는 속으로 생각했다.

부엌을 폐쇄한 사람도 있다는데, 배달 음식이나 외식을 주로 이용하고 집에선 밀키트 같은 간편식만 차린다는 사람도 있다는데, 나는 집에서 직접 밥해 먹는 걸 원칙으로 정해 놓고 살았다. 요리를 자주 하는 편이다. 딸들이 다 자란 성인이어도 이 집에 사는 이상 음식만큼은 내 손으로 해 주마, 하는 마음가짐은 은근한 자랑이었다. 손이 크고 재빠른 편이라 마음만 먹으면 이런저런 음식들을 뚝딱뚝딱 만들어 낼 수 있었다. 부엌에서는 멀티플레이가 순조롭게 가동했다. "이거 다 네가 만든 거야?"라는 질문이 오면 "물론이지. 처음부터 끝까지 다 혼자서 했지"라고 자신 있게 답할 수 있었다. 시장에서 음식 재료를 사 와서 씻고 다듬고 끓이고 삶고 굽고 차려 내기까지 그 모든 과정을 척척 해냈다. 음식 좀 한다, 라고 말하려면 모름지기 그래야 하는 거라 여겼다. 정성으로 아이들 뼈와 살과 영혼까지 윤을 내고 있는 거라 생각했다. "이건 정말 팔아도 되겠다.", "식당 차려도 되겠다!" 착착 차려 놓은 음식을 먹으면서 아이들은 수시로 그렇게 감탄했다. 한때 그런 생각을 안 해 본 것은 아니었다. 하도 칭송받다 보니 식당이나 작은 술집을 차려 먹고살 궁리를 해 본 적이 있었으니까.

"아. 요가를 죽어라 해서 요가 강사나 돼 볼까".

—

안다. 아주 같잖은 소리다. (오늘도 요가에 헌신하는 분들께 죄송하다.) 고백하건대 이건 나의 오랜 습관이다. 뭐든지 팔아먹을 생각부터 하는 것 말이다. 자수에 빠졌을 땐 자수 브로치를 만들어 팔아 볼까 생각했고 구례가 좋아 귀농을 고려했을 땐 지역 잡지로 먹고살 궁리를 했다. 좋아하는 일본 일러스트레이터 리스트를 쫙 정리해서 굿즈를 수입해다가 팝업 전시도 열고 온라인 판매도 하고 대담회도 열고 대담집도 내고 아예 가게를 차려서 한일 문화 교류의 장으로서…… 이런 공상들이 끝도 없이 이어지는 것이다. 내 관심사는 자잘하고 다채롭다. 그러나 그때마다 새로운 돈벌이의 가능성을 타진하느라 종국엔 온전히 즐기지 못한다. 난 그런 내가 참 좀스럽고 구차하다. (또한 가련하다.)"

이아림의 《요가 매트만큼의 세계》에서 '어떻게 하면 팔지 않아도 되는가'라는 챕터의 한 대목이다. 읽으면서 딱 나 같아서 하하 웃으며 무릎을 쳤다.

바느질을 좀 잘하면 만들어서 팔아요, 음식을 좀 잘하면 식당 해서 팔아요, 글을 좀 쓰면 책 내서 팔아요, 사진 좀 잘 찍으면, 그림 좀 잘 그리면 팔아요, 팔아서 돈 벌어요. 사람들이 부추기면 그저 좋아서 취미로 골똘하던 사람도 정말 그래 볼까? 생각하게 된다. 이제

나는 무엇을 팔아서 살 생각을 해야 할까. 언젠가부터 잘하는 건 아무것도 없는 것 같고, 맥 빠지는 날들이 오래되고 보니 팔 수 있는 것도 더 이상 남아 있지 않다고 생각했다. 마음을 팔 수도 없고, 재능도 사라지고, 몸은 점점 체력이 달려 딱히 어디 힘을 쓰기가 어렵고. 이아림의 글은 휘딱 소로의 말로 넘어간다.

"나 역시 올이 촘촘한 바구니 하나를 엮어 보았으나 다른 사람이 그것을 살 만한 것으로 만들지는 못했다. 하지만 내 경우에는 그 바구니를 엮는 게 그래도 가치 있는 일이었다고 생각한다. 나는 어떻게 하면 사람들이 내가 만드는 바구니를 사도록 할 것인가를 연구하는 대신 어떻게 하면 굳이 팔지 않아도 될 것인가를 연구했다."

헨리 데이비드 소로의 《홀로 천천히 자유롭게》에 나오는 글이라면서 이아림은 어떻게 하면 팔지 않아도 될 것인가 묻는다. 정말 그것이 알고 싶다고.
아니 어떻게 하면 팔지 않고도 가치 있다고 여길 수 있을까. 그럴 때마다 딸들이 하는 말이 귀에 맴돌았다.

"식당에서 먹는 것처럼 맛있어, 요리사가 한 것처럼 맛있어, 라는 말 있잖아. 난 그 말을 이해할 수가 없어. 누가 집에서 엄마가 손수 한 음식이 너무나 맛있을 때 그런 말을 하잖아? 고급 식당에서 먹는 것처럼 맛있다는 뜻이겠지. 난 한 번도 그런 적이 없어. 식당에서 먹는 것처럼 맛있다니? 어느 식당에서 하는 요리가 엄마가 한 것처럼 맛있을 수 있지? 나는 엄마가 한 게 제일 맛있어서 차라리 이렇게 말해야 앞뒤가 맞아. 식당에서 음식 먹을 때 어쩌다 맛이 있으면 '와, 우리 엄마가 한 것처럼 맛있네' 그렇게 뒤집어서 말해야 해."

큰딸이 말했고 작은딸이 맞장구를 쳤다. 나도 그래. 어떤 음식도 엄마가 한 것보다 맛있는 건 없었어, 라고. 칭찬인가? 칭찬이자 고맙다는 말이겠지. 그런데 아이들은 이미 저 먹을 건 자기가 할 줄 알아야 할 나이가 훨씬 지났다. 내가 없어지면? 내가 죽고 나면 이 집밥을 누가 나처럼 지을까? 팔아도 될 만큼, 식당 밥과는 비교할 수조차 없이 맛있다는 그 음식을 누가 차려 낼까.

식구들은 상상도 안 하는 모양이지만, 나 역시 밥 하는 게 지겨울 때가 있다. 내가 한 음식이 정말 맛있긴 하지만 밖에서 식당에서 사 먹는 게 훨씬 맛있다. 온갖 찬사를 쏟아 내며 맛있게 먹는 식구들 얼굴을 보면 뿌듯하고 오달지다가도 식구들이 "오늘은 뭐 먹어?" 하면서 내 얼굴만 바라볼 때면 이따금 부아가 치밀기도 한

—

다. 나도 남이 해 준 밥이 제일 맛있다고!

　가족 구성원이 모두 집에서 밥을 먹게 될 때는 각자의 요구가 세세하고 주도면밀하다. 무엇을 먹고 싶다고 정확하게 말하고 재료를 준비해 오기도 한다. 오로지 자기들 먹을 때만 내가 차려야 할 메뉴에 초미의 관심을 보이다가, 어쩌다 집에 나 혼자 있을 때면 어느 누구도 내가 무엇을 먹는지 신경 쓰지 않는다. 물어보지 않는다. 물론 모처럼 집에서 혼자 먹는 그 시간이 달콤하고 편하기는 하다. 하지만 가족 구성원 누구도 내 끼니에 관심 한 방울 없을 때는 와, 그동안 요리사처럼 척척 차려 바친 것이 자못 섭섭했다.

　'네 입에 들어가는 것만 봐도 배가 부르다'라는 엄마들 말은 헛된 수사에 불과하다. 모정도 뭣도 아니다. 아무리 맛없는 음식이라도 내 입에 들어가야 배가 부르는 법. 내가 만들지 않은, 남이 만든 맛있는 음식을 먹을 요량으로 일부러 점심 약속이나 저녁 약속을 잡아 외출할 때가 있다. 내가 요리하지 않는 날, 나가서 먹는 날, 식구들이 집에서 무엇을 먹을지를 묻지 않으려고 애쓴다. 궁금해도 궁금해하지 않으려고 노력한다. 알아서 먹을 테지. 내 배가 그득해져 돌아와 흔적을 살펴보면 대개 사 먹었거나 인스턴트 음식을 만들어 먹었거나, 아무튼 대충 한 끼 때우고는 치워 버린 게 분명했다.

—

프랑스 가정식, 미국 남부 가정식, 그리스 가정식 등 '가정식'이라는 모토를 그럴듯하게 내걸고 운영하는 레스토랑들이 있다. 우리말로 치면 '집밥' 정도가 되겠지만 한(국)(가)정식 간판과는 느낌이 천양지차다. 다른 나라 이름 뒤에 붙은 가정식이란 말은 왠지 집밥보다 품격 있고 격조 있게 느껴진다. 우리에겐 외식하는 식당이지만 그들은 제 나라 집밥 같은 음식을 팔고 있을 뿐일 텐데, 뭔가 근사하고 프로페셔널하게 보인다. 외국 가정식 식당에서 먹은 음식이 꽤나 맛있을 때면 이런 생각들이 꼬리에 꼬리를 물고 이어진다. 이렇게 맛있는 걸 저 나라 사람들은 집에서 먹는다는 거야? 그럴 리가 없잖아. 모든 가정이 이리도 예쁘고 맛있는 음식을 매 끼니 차려 먹을 수는 없겠지. 모든 가정의 엄마들이 죄 요리사일 수는 없잖아.

가정식을 파는 곳에는 흔히 '엄마가 해 준 요리', '엄마가 만든 소스', '엄마 손맛' 같은 수식어가 메뉴마다 붙어 있다. 그런데 외국 가정식마저 모두 엄마가 해 주는 것이 기본인가. "집에서 엄마가 해 준 음식 같다"는 말은 칭찬일 수도 있고 흉이 될 수도 있다. 세상의 모든 엄마들이 셰프 못지않게 요리를 잘하는 것은 아니니까. 엄마=요리사라는 등치는 무신경하고 강박적이다. 요리 못하는 엄마는 고사하고 엄마 없는 가정도 많을 텐데. '가정식'이라는 말, '엄마 손맛'이라는 말은 그저 '엄마' '집' '그리운 옛 맛' 등이 자아내는 감수성을 우려먹으려는 수사일 뿐이다.

한국에는 가정식이라는 말 대신 엄마 밥집, 엄마 손맛, 엄마 밥상이란 간판이 수두룩하다. 조금 더 벗어나 봤자 이모네, 누이네, 할머니 밥상이 된다. 이모부 밥상, 삼촌 식당, 아빠 손맛, 할아버지가 차려 준 밥상 같은 식당은 본 적이 없다. 음식점 이름은 거의 다 엄마 역할을 했던 여자 사람을 전면에 세운다. 여자 얼굴은 다 밥그릇이다. 실제로 식당 주방에서 요리하는 사람은 남자이더라도 마찬가지다.

2

〈한국인의 밥상〉이라는 TV 프로그램이 있다. 한국의 여기저기를 찾아가 그 동네 특산물로, 그 동네 여자들이 차리는 밥상을 두루 살펴본다는 콘셉트이다. 여자들은 차리고 남자들이 먹는다. 동네 엄마들은 수더분하고 조금은 부끄러워하면서 성심껏 밥상을 차려 낸다. 진중하고 예의 바르고 푸근하게 웃는 남자 최불암 씨는 음식 재료 구경도 하고 어떻게 만드는지 배우기도 하다가 물론 맛있게 차려 낸 '한국인의 밥상'을 받아먹는다.

—

그 지방의 기후와 작물, 독특한 요리 방법 등의 정보와 엄마의 손맛 어쩌고 하는 수사가 내레이션을 통해 흘러나온다. 그립고 아련한 느낌을 자아낸다. 그 프로그램의 방송작가 김준영이 낸 《구해줘, 밥》이라는 책이 나와 살펴봤다. '한국인의 밥상'에서 찾은 단짠단짠 인생의 맛, 이라는 부제가 붙어 있었다. 한국 가정식인 한국인의 밥상에 차려진 음식들은 낯설고 신기했다. 순무 김치 병어찌개, 물캇 냉국, 잠계탕, 복쌈, 염전 커피, 옹기 옻닭탕…… 모양도 냄새도 짐작조차 안 가는 생소한 이름의 음식들이 주르르 나왔다. 읽는 재미가 쏠쏠했지만, '한국인의 밥상'을 차린 이는 90퍼센트가 넘게 집밥을 만들어 식구를 먹이는, 밥상 차리느라 손발이 닳은 엄마들이라는 사실이 씁쓸했다.

여난영은 '상대적이고도 절대적인 페미니스트 백과사전'이라는 글을 페미니스트 저널 〈이프〉에 연재했다. 1998년 봄 호부터 작가는 비꼬고 뒤집으면서 익숙한 단어들을 새롭게 정의했다. 그중 하나가 남자와 강아지의 공통점 다섯 가지, 남자가 강아지보다 편리한 점 다섯 가지를 적었다. 공통점은 먹이를 챙겨 주어야 한다, 털이 많다, 시간을 내서 놀아 주어야 한다, 버릇을 잘 들여놓지 않으면 평생 고생한다, 복잡한 말을 잘 알아듣지 못한다는 것이었고 편리한 점은 돈을 벌어 온다, 혼자 두고 여행을 다닐 수 있다, 데리고 다닐 경우 여자 목욕탕을 제외하고는 출입 제한을 받지 않는다, 간단한 심부름쯤은 시킬 수 있다, 생리적인 욕구를 해결할 수 있다는 거였다. 여난영은 이 글에서 '남편'은 남자라는 존재가 가진 기능태 중 최악의 형질이 발현되기 가장 쉬운 위치라고 쓰기도 했다. 같은 해 가을 호에 쓴 남자와 가축을 정의한 글은 더 촌철살인이다.

가축: 야생동물과 달리 주인이 밥을 챙겨 먹여 키우는 동물. 스스로 밥을 챙겨 먹지 못하기 때문에 주인이 밥을 챙겨 주지 않으면 생존이 어렵다. 그러나 밥 먹여 준 은혜를 알고 주인을 따른다.

남편: 여자들과는 달리 부인이 밥을 챙겨 먹여 키우는 인간. 스스로 밥을 챙겨 먹지 못하므로 부인이 밥을 챙겨 주지 않으면 생존이 어렵다. 그러나 밥 먹여 준 은혜를 전혀 모르고 오히려 밥투정에 바쁘다.

세월이 흘러 2006년쯤 내가 〈오마이뉴스〉에 칼럼을 연재하면서 난영의 이 백과사전을 참조, 혹은 변주해 글을 쓴 적이 있었다. 십여 명 넘는 칼럼니스트 가운데 여성 필자는 오로지 나 한 명이었다. 리드를 저 글로 시작했다. 둘 다 밥을 차려 줘야 생존할 수 있는데, 가축은 고마운 줄 알지만 남편은 밥상머리에서 투정을 한다는 것으로. 손수 차리는 밥상의 정겨움을 주제로 한 칼럼으로, 왜 남자들은 똑같이 손과 발과 눈이 있는데 제 밥상을 스스로 차려 먹지 않는지, 그 기쁨과 사랑의 행위를 스스로 내다 버렸는지 안타깝다는 내용이었다. 칼럼에 삽입된 여자들이 차린 밥상 사진은 풍성하고 아름다웠는데, 칼럼에 달린 댓글은 그야말로 엉망진창이었다. 남편을 가축으로, 그야말로 개돼지로 비교했다는 이유로 비난과 욕설이 주르륵 달려 게시판이 초토화되어 버렸다. 저런 걸 엄마로 둔 딸년들이 불쌍하다, 저런 년을 마누라라고 데리고 사는 남편이 불쌍하다, 어떻게 결혼이나 했을까, 돈 벌어다 주는 남편 고마운 줄을 모른다, 음식이나 제대로 할 줄 알고 떠드는 거냐, 집에서 노는 여자가 일하는 남편 밥상 차려 주는 것은 당연한 의무인데 너는 뭐하는 여자냐 등등.

오, 이 남자들이 나의 남편과 아이들이 밥 못 얻어 먹고 살까 봐 불쌍해하는구나. 불쌍하다고 밥 한 끼 차려 줄 것도 아니면서 저 난리를 치는구나, 어쩌나. 당신들 생각 외로 나는 음식을 아주 잘 만드는데, 내 아이들과 남편은 내 밥 먹고 잘 사는데, 걱정은 접어 두시기를. 악플들을 담담하게 넘겨 버리면서도, 한편으로는 폭력적 에너지가 절절 끓는 원색적인 댓글에 마음이 얼어붙었다. 밥 안 차려 먹는 남자들의 욕설이 어마어마하게 쏟아져 나와 위축되는 바람에 얼마 되지 않아 연재를 중단하고 말았다. 칼럼니스트 목록은 다시 남성 필자들로만 채워졌다.

사실 밥상을 차리는 사람에 대한 칼럼을 쓰려고 했던 마음 한가운데에는 한때 소설가로 활동하기도 했던 전직 정치인의 책 제목이 자리 잡고 있었다. 책 제목이 '아침은 얻어먹고 사십니까'였다. 나는 오랜 세월이 지나도록 저 아침 얻어먹고 사시냐, 라는 문장 자체가 참으로 이상하고 불편하다.

누가 누구한테 묻는 것일까. 왜 저렇게 묻는 것일까. 아침밥을, 얻어먹고, 사시냐고? 발화자가 남성인 건 저자가 남자이니 당연한 거고 청자도 분명 남자일 것이다. 게다가 점심이나 저녁이 아닌 아침 식사를 물었으니까, 집에서 먹는 밥을 말하는 것이겠다. 얻어먹느냐, 물었으니 밥하는 사람은 청자 자신이 아닌 게 분명하다. 그런데 왜 '얻어먹고'라는 단어를 골라 썼을까.

'얻어먹다'의 사전적 정의와 용례는 이렇다.

[얻어먹다]

—

1. 남에게 음식을 빌어서 먹다.

용례) 그는 남의 집에서 음식을 얻어먹는 거지 팔자가 되고 말았다.

2. 남이 거저 주는 것을 받아먹다.

용례) 그는 친구에게서 점심을 얻어먹었다.

3. 남에게 좋지 아니한 말을 듣다.

용례) 상사에게서 욕을 얻어먹다.

유의어) 결식하다, 동냥하다, 받아먹다, 빌어먹다.

남자들 머릿속에는 아침이라 함은 아내에게, 엄마에게 '얻어먹고' 다니는 것으로 입력되어 있구나. 아침은 자신이 직접 해 먹는 것이 아니구나. 이상하다. 얻어먹는다는 말 자체가 여자인 나로서는 꽤나 모욕적으로 들리는데, 왜 남자들은 서로에게 '얻어먹고' 사느냐고 묻는 것일까. 남자들 세계에서는 아침을 누군가에게 얻어먹고 사는 게 더 자랑스럽고 떳떳한 일인 걸까. 아내나 엄마에게 못 얻어먹고 살면 어딘가 모자란 사람이 되나. 일하는 남자가 일하러 나온 남자에게 어이, 아침은 얻어먹고 다니는 거야? 묻는다는 것. 어떤 여자가 다른 여자에게 저런 식의 물음이나 인사를 건넬 것인가 생각해 보면, 저 문장의 맥락이 더 선연히 보인다. 왜 아침을 얻어먹고 사느냐는 말로 인사를 하고 안부를 묻

—

고 살게 되었는지.

　오죽하면 남자들이 여자들에게 '밥줘충'으로 불리게 되었을까. 아내나 엄마를 밥하는 사람으로 취급하고 밥하는 존재로만 가둬 두는 남자들 사고의 난맥상은 나이 고하를 가리지 않는다. 유치원 다니는 꼬마부터 경로당 다니시는 할아버지까지 엄마를 곧 밥그릇으로 보는 것에는 큰 차이가 없다.

　천명관 소설 《고령화 가족》에 등장하는 아들들은 불룩 튀어나온 배 문지르고 살을 만지작거리며 소파에 드러누워 있다가 늙은 엄마가 해 주는 밥을 먹는다. 여동생을 등쳐먹고 조카 밥을 뺏어 먹는다. 그러면서도 늙은 엄마가 동네 아저씨 만나는 걸 의처증 걸린 남편처럼 의심스레 쳐다본다.

　드라마 〈나의 아저씨〉에 나오는 전형적인 한국 남자 삼형제는 또 어떤가. 중년의 나이 든 아들들이 70대 노모에게 밥을 '얻어먹고' 산다. 드라마 내내 어떤 남자도 부엌에 들어가지 않는다. 그런데도 드라마는 남자들의 서글픈 청승과 노고를 어루만져 주고 위로해 준다.

　'빈 소리'로나마 사람들은 말한다. '언제 밥 한번 먹자'고. 정말 꼭 같이 밥 먹자는 약속의 말인지 그저 인사말로 건네는 허사인지 발화자의 의도와 진의를 파악하기에 앞서 저 말이 쓰이게 된 배경을 살펴볼 일이다. 일단 저 밥 한번 먹자, 라는 말에서 '먹자'는 '사 먹자는' 것이다. 저 말을 밥을 직접 해 주겠다는 의미로, 집에서 먹자는 뜻으로 생각하는 사람은 아무도 없다. 세상에 엄마에게 언제 밥 한번 먹자는 인간은 없다. 밥과 관련해서 엄마에게 사용하는 문장의 용례는 밥 줘, 밥해, 밥 다 됐어?가 고작이다. 엄마도 밥 사 먹을 수 있다는 사람이라는 생각이 없으니까. 엄마의 역할이 밥상 차리는 것으로만 보이니까.

3

선풍적인 인기를 끌었던 드라마 〈응답하라〉 시리즈에는 손 크고 밥 잘하는 엄마들이 여럿 나온다. 88년에도 94년에도 97년에도 응답하라 드라마 속 주인공의 엄마들은 줄기차게 밥상을 차리고 나눠 먹는다. 항상 음식을 잔칫집처럼 차리는 엄마, 반찬을 산처럼 쌓아놓고 고봉밥을 퍼 주는 엄마, 삼삼오오 모여 앉아 식재료를 같이 다듬고 음식을 만들어 이웃집 밥상으로 전하는 다정한 엄마들이 분주하게 밥을 만드는 걸 보노라면 저게 사람 사는 거지, 싶은 부럽고도 그리운 마음이 든다. 밥상을 차려 식구들 먹이는 걸 넘어서 어느 편에서는 아예 하숙집을 차리고 지방 곳곳에서 올라온 학생들의 엄마가 되어 밥을 먹인다.

그중에 〈응답하라 1988〉은 극중 주인공들이 내가 학생이던 시절과 비슷한 또래여서 옛 시절 추억하듯이 나름 몰입해서 봤다. 〈응답하라 1988〉 첫 에피소드는 쌍문동 골목길을 울리는 엄마들의 목소리로 시작한다.

라미란이 "정봉, 정환아. 밥 먹어!" 부르는 소리, 이일화가 "덕선아, 보라야, 노을아, 밥 먹어!" 부르는 소리, 김선영이 "선우야, 친주야 밥 먹자!" 부르는 소리. 놀던 아이들이 뛰어 들어간 집에는 엄마들의 성격을 보여 주는 밥상이 착착 차려진다. 둘러앉은 식구들의 올망졸망한 머리통이 정겹다. 같이 놀던 자리에 덩그러니 남은 아이는 택이와 동룡이. 택이는 엄마가 없고, 동룡이는 엄마가 있지만 일하는 여자라 밥을 차려 주지 못한다. 이윽고 동룡이는 엄마가 두고 간 돈으로 밥을 사먹는다. 택이는 홀아비인 아빠와 남루한 밥상에 마주 앉는다. 엄마 없고 아내 없는 두 남자의 밥상은 쓸쓸하고 휑뎅그렁하다. 그러나 걱정할 일 없다. 택이네 집 조촐한 밥상이 순식간에 풍성해진다. 이웃 엄마들이 갖다 준 밥과 국과 반찬으로 엄마 없고 아내 없는 남자들도 푸짐한 저녁 식사를 하게 된다. 몇 번을 다시 봐도 더없이 애틋한 장면이다.

회가 거듭되면서 주인공 엄마들 저마다의 사연과

개성이 드러난다. 드라마 속 엄마들은 40대 초중반인데, 그들이 밥 차리는 모습이 나올 때마다 마음이 찌르르했다. 그놈의 밥, 평생 나를 이상한 허기에 시달리게 한 밥 때문이었다. 덕선이, 보라, 정환이 나이의 나에게는 밥해 주는 엄마가 없었다. 나는 그 나이에 객지에 나와 혼자 살았다. 택이가 딱 내 모습 같았다. 택이처럼 친구들이 싸다 주는 도시락을 같이 먹었고 택이처럼 엄마가 밥해 주는 친구들을 부러워했다.

아무튼, 〈응답하라〉 시리즈는 아이들 입장에도 서 봤다가 중년으로 접어드는 엄마들 입장에도 서 봤다가 하면서 등장인물 하나하나에 이입하며 즐겨 보던 드라마였다. 하지만 딱 한 번 '엄마'로서 곱게 봐지지 않던 장면이 있었다. 또 그놈의 밥, 그놈의 엄마 밥상 때문이었다.

아내 없는 택이 아빠와 남편 없는 선우 엄마는 고향이 같다. 선우 엄마의 오빠 친구가 택이 아빠다. 홀아비 사정 홀어미가 안다 싶게 두 사람은 서로를 각별하게 챙기고 보살핀다. 재밌는 것은 그 동네 유일하게 선우 엄마만 음식을 잘하지 못하는 여자로 나온다는 것. 선우 엄마는 온 동네에 밥 잘 못하는 여자로 호가 나 있다. 아무리 그래도 아들 선우는 엄마가 차린 밥을 언제나 맛있게 먹어 주는 효자다. 아내 없는 남자와 남편 없

는 여자는 마침내 함께 살기로 결정한다. 열여덟 살, 천
재 바둑기사 택이가 아빠의 새 결혼을 허락하는 한마디
를 들었을 때 마음이 덜컹 떨어졌다.

"아빠, 저는 선우 엄마랑 같이 사는 거 좋아요. 아
빠가 제가 없을 때라도 밥을 따스하게 먹었으면 좋겠
어."

아니, 아빠가 새 아내를 맞았으면 하는 이유가 기
껏 밥이라니. 자기 친구 선우의 엄마를, 아빠가 사랑하
는 여자를 새엄마로 맞이하면서 겨우 아빠 밥 따뜻하게
지어 줄 사람으로 여기다니. 실망스러웠다. 그렇게 동
네에서 제일 밥 못하는 여자 선우 엄마가 택이네 집에
'따뜻한 밥 해 주는 여자'로 들어간다. 꼭 엄마 없는 집
에, 아내 없는 집에 따스한 밥 먹이는 사람으로 맞아들
여야만 했을까. 그 많고 많은 말 중에. 그 많고 많은 일
중에. 밥, 밥, 밥. 여자를 밥과 동일시하는 널리고 널린
말들에 슬쩍 넌더리가 났다.

4
세상이 좋아져 먹을 게 천지다. 책방에는 수백 가
지 음식 에세이가 범람한다. 예전에는 여자들이 요리책
을 많이 만들었지만 요즘은 남자들 요리 이야기가 절반
은 차지한다. 음식 이야기, 먹는 이야기는 누가 썼든 일

단 흥미가 생겨서 자주 찾아 읽는 편이다. 먹는 이야기 만큼 옛날 생각을 떠오르게 하고 입맛을 다시게 하고 벌떡 일어나 부엌으로 달려가 냉장고를 열어 보게 하는 것은 없으니까.

요리는 감이여, 요리를 멈추다, 사부의 요리, 오늘 뭐 먹지?, 산 음식 죽은 음식, 음식이 나다, 엄마가 먹었던 음식을 내가 먹네 등의 책 제목을 부지런히 옮겨 적으면서 음식 에세이와 요리책 읽기를 멈추지 않는 나이지만, 단호하게 걸러 내는 음식 책이 있다. 남이 한 음식을 먹기만 하고 미식 타령을 하는 남성들이 펴낸 책이다. 물론 여자가 쓴 책이더라도 남이 해 준 음식을 받아먹기만 하면서 찬양하고 그리워하는 타령조 책들엔 손을 뻗지 않는다.

상전처럼 앉아서 음식을 앞에 놓고 갖은 인문학적 지식과 추억을 늘어놓는 글보다는 식당에 가서 제 돈 내고 먹은 것을 찍고 적어 올린 블로그 글이 나았다. 차라리 먹방 영상을 보면 봤지, 남이 차려 내준 것들로만 혀와 눈과 배를 만족시키는 음식 관련 책이나 영상은 영 믿음이 가지 않았다. 자기가 직접 하지는 않으면서 여기저기 가서 찝쩍거리며 먹고는 음식 맛을 평가하는 이들을 좋아하지 않는다. 심지어 미슐랭 가이드니 블라인드 테스트니 하는 것들도. 삼십 년 넘게 밥상을 차리

—

다 보니 음식 이야기의 진정성을 가리는 바로미터가 그 것이 되었다. 제 몸 써서 음식을 만들지 않고 비평이니 평론이라는 구실로 음식에 대해 이러니저러니 말을 얹는 것, 엄마를 끌어와 어쭙잖은 감성을 자아내려는 것들을 걸러 내게 되었다.

남녀노소가 즐기는 대표적인 서민 음식인 떡볶이를 정크 푸드라면서 학교 앞에서 팔지 말라는 말부터, 한국 음식의 원조는 일본이라는 어이없는 말까지, 논란을 낳곤 하던 한 남성 음식 칼럼니스트의 말 가운데 최악은 이것이었다.

"젖 맛 같은 음식을 먹고 싶다."

여자로서, 엄마로서 저 문장을 보면 토가 나올 것 같은 느낌이 든다. 남자들이 줄곧 떠드는 그놈의 젖, 젖. 어릴 때부터 성경 속 '젖과 꿀이 흐르는 비옥한 가나안 땅' 같은 표현에도 적잖이 언짢았는데, 다 큰 남자가 엄마의 젖 맛 타령이라니 징그럽기 짝이 없었다.

음식 이야기에 엄마와 젖과 그리움이 섞이면? 남자들의 쉰내 나는 타령이 된다는 것은 일종의 따분한 공식이다. 유독 남자들이 음식에 그것들을 버무린다. 젖 맛을 그리워하는 여자를 본 적 있나. 최고의 음식은 젖이라고 떠드는 여자를 만난 적이 있나. 여자라고 엄마 젖을 안 먹고 자랐겠는가. 하지만 여자들은 젖 맛이 그립다는 따위의 말은 농담으로도 입에 올리지 않는다. 젖 맛이 어떤지 기억이라도 나야 그립든지 말든지 할 텐데, 그런 말을 하는 이들은 아기 적 먹은 젖 맛을 아직도 기억한단 말인가? 도대체 음식에서 왜 젖 맛을 찾을까 궁금했다. 몇 년 전 우연한 기회로 젖 맛을 본 이후로는 더.

인도 여행을 하던 중이었다. 동행 하나가 젖을 뗀 지 오래되지 않아 젖이 아직 채 마르지 않은 상태였다. 여행 중에도 젖이 불어 한 번씩 유축기로 젖을 짜내야 했다. 흔들리는 버스 안에서 유축기로 젖을 짜낸 여자가 버리기 아깝다며 장난삼아 원하는 사람은 먹어 보라고 했다. 손을 내밀었다. 아직 체온이 남아 있는 미지근한 젖을 받아 목구멍에 흘려 넣었다. 인도의 붉은 땅 흔들리는 버스 안에서 오십 년 만에 젖 몇 방울을 맛보게 되었다. 젖 맛? 이 세상에 넘쳐나는 수백 가지 맛을 다 보고 미식가를 자처하는 남자가 최상으로 치는 맛이 젖 맛이라고? 내가 성인이 되어 다시 맛본 젖 맛에 대해서는 굳이 말하지 않겠다.

—

5

나는 열두 살 이후로 엄마가 해 주는 밥을 못 '얻어
먹었다'. 젊은 새언니가 우리 집에 와서 밥을 짓기 시작
했다. 신식 새댁이 해 주는 밥은 깔끔하고 아름다웠다.
엄마가 밥상에 올리는 반찬은 늘 너무 짜거나 질기거나
보잘것없었다. 엄마는 본의 아니게 부엌을 통째로 뺏겼
다. 엄마 몸은 편해졌겠지만, 사실 엄마에게 그것만큼
서러운 일은 없었을 거였다. 식구들 밥상을 차리는 일,
제사상을 차리는 일, 시시때때 말리고 담그고 쪄서 식
재료를 갈무리하는 일……. 아무리 고되다 해도 부엌을
관장하는 일은 엄마라는 인간 존재의 가장 중요한 위치
와 가치를 보여 주는 것이었을 테니까.

이제 세상이 변했다고, 늙은 엄마 힘들다고, 가족
들이 제사를 그만 지내자 아무리 청해도 어떤 엄마들은
오히려 본인이 그 일을 손에서 놓고 싶어 하지 않는다.
엄마들에겐 밥하는 것이야말로 오롯이 자기가 할 수 있
는, 하고 싶은, 잘하는 일이기 때문에 차마 버릴 수 없
을 것이다. 한평생을 밥하고 살았는데, 그것만이 그녀
에게 허락된 유일한 권리이자 기쁨이었을 텐데, 어떻게
한날한시에 부엌을 떠날 수 있을까. 늙어 꼬부라져 손
가락 하나 놀릴 수 없을 때까지 밥을 짓기 원하는 어떤

엄마들의 마음을 나는 이해할 수 있다.

나도 그렇다. 밥에 이러니저러니 맺힌 마음이 있다 해도, 여전히 밥 짓기를, 부엌을 좋아한다. 내 몸을 움직여 아끼는 사람들에게 무언가를 차려 먹이는 일을 죽는 날까지 할 수 있기를 바란다.

프리모 레비의 《이것이 인간인가》를 읽을 때 내 마음을 크게 건드린 대목은 이것이다.

하지만 어머니들은 여행 중 먹을 음식을 밤을 새워 정성스레 준비했고 아이들을 씻기고 짐을 꾸렸다. 새벽이 되자 바람에 말리려고 널어 둔 아이들의 속옷이 철조망을 온통 뒤덮었다. 기저귀, 장난감, 쿠션, 그리고 그 밖에 그녀들이 기억해 낸 물건들, 아기들이 늘 필요로 하는 수백 가지 자잘한 물건들도 빠지지 않았다. 여러분도 그렇게 하지 않겠는가? 내일 여러분이 자식들과 함께 사형을 당한다고 오늘 자식들에게 먹을 것을 주지 않을 것인가?

유대인 수용소에서 아우슈비츠로 강제 이송되기 전날 밤의 스산한 풍경을 그는 이렇게 썼다. 기도를 하거나, 술에 취하거나, 욕정에 몸을 맡기는 등 "모두 자신에게 가장 어울리는 방법을 찾아 삶과 작별"하던 그

밤, 엄마들은 음식을 준비한다. 엄마들에게 '밥'이란 그런 것이다. 내일 죽음이 찾아오더라도 멈출 수 없는, 가족을 위해 자신이 할 수 있는 최소한의 것, 혹은 최대한의 것. 엄마들은 자신의 일을 한다. 살아 있는 내내.

욕

벌레가 아니라 사람입니다

1

얼마 전에 어떤 단어의 뜻을 알고는 까무러치게 놀란 적이 있다. '엄창'이라는 말을 본 후였다. "니 엄마 창녀"를 줄인 말이라고 했다. 욕에 좋은 뜻이 담겼을 리 만무하고, 많은 욕들이 공공연히 여성 혐오에서 시작되고 퍼져서 쓰인다고는 하지만, 이 말은 너무하다 싶었다. 상대를 깔아뭉개고 싶다면 상대를 비난하는 말을 쓰면 되지, 왜 뜬금없이 가만히 있는 상대 엄마를 끌어온단 말인가. 더군다나 창녀라니! 창녀라는 단어는 사어나 다름없는 옛말이지 않은가. 그런데 그걸 엄마에다 붙여서 상대와 함께 그의 엄마까지 싸잡아 욕을 할 수 있다니. 머리칼이 송두리째 서는 기분이 들었다.

오랜 과거부터 수많은 욕설이 여성을 성적으로 비하하는 내용으로 만들어졌다. 같은 뜻의 욕설이더라도 여성형이 남성형보다 몇 배는 천박하고 강력하게 들린다. '놈'은 욕이어도 심상하게 들리는 감이 있지만, '년'

은 아무리 뜯어봐도 장난스럽다거나 귀여운 느낌으로
는 들리지 않는다.

언젠가 친구 아버님이 외동딸인 내 친구에게 이년
아, 저년아 하면서 사랑스러워하는 걸 보고 엄청나게
놀란 마음을 진정하기 어려웠던 기억이 있다. 대학생
때 겪은 일인데도 하도 충격적이어서 잊히지가 않는다.

생각해 보면 단 한 번도 내 부모에게서 욕설을 들
어본 적 없이 자랐다. 가족 구성원 중 누구도 내게 욕을
한 적이 없다. 부모님은 배운 것 없이 농사짓는 가난한
사람들이었지만 딸들에게 년이라는 말은 고사하고 계
집애라는 말조차 입에 올리지 않았다. 욕이란 것은 내
게 영화나 소설에서나 볼 수 있는, 일종의 박제된 활자
에 불과했다. 영화 속 대사나 소설 속 활자로나 듣고 보
던 욕설을 육성으로 처음 들어 본 것은 대학교 때였던
가. 태어나서 처음 면전에서 들은 욕이었는데, 어떤 남
자가 몹시 흥분해서 '니 에미 씹'이라는 말을 내게 던졌
다. 네 엄마의 씹이라니. 귀에 그 말이 들어온 순간 온
몸이 부들부들 떨렸다. 그는 한마디 말로 나와 내 엄마
와, 여성 전체를 동시에 모욕한 것이다. 나중에 그는 나
를 다른 사람과 착각했다며 사과 비슷한 걸 했지만 코
앞에서 들은 벌건 욕의 내용과 비틀린 그의 입술 모양
은 오랫동안 잊히지 않았다.

———

여자의 성기, 여자들이 다른 성과 맺는 성행위를 의미하는 욕은 욕이 나올 만한 상황이냐를 떠나 명백히 여성 혐오의 기미를 담고 있다. 특히 엄마 운운하는 욕들은 다 그렇다. 영어로 된 fuck도 mother fuck(er)으로 가면 한층 강력하고 속된 말이 된다. 여자와 엄마, 그리고 여자들의 성과 성행위까지 한꺼번에 욕하고 싶은 남자들이 주로 사용한다. 여자를 욕하고 비하하고 위축시키려면 사실 '년'만 사용해도 충분히 그 의도를 실현할 수 있다. 요즘은 남자가 여자에게 흔히 쓰던 "이년", "저년", "쌍년"이라는 욕을 남자가 남자를 욕할 때도 쓴다고 한다. 그게 더 상스럽고 여성 혐오적이다. 남자가 남자를 모욕할 때조차 여자를 불러들여 사용하는 것은 두 배로 여자를 욕 먹이는 행위다.

여성 혐오가 얼마나 깊이 배어 있으면 같은 남자를 욕할 때도 여성형 욕인 '년'을 사용할까. 남자들에게는 상대를 공격하는 가장 효과적인 욕이 상대 남자를 여자로 끌어내리거나, 상대방의 엄마를 저속하게 모욕하는 것인 셈이다. '오조오억' '웅앵웅'이라는 말에도 남성 혐오라며 난리를 치는 남성들이 남자들 사이에 흔하게 퍼져 있는 욕들에 대해서 생각해 본 적이 있을까. 저 엄마 관련 욕이야말로 저급하기 이를 데 없는 혐오의 결정체 아닌가.

—

'엄(마)창(녀)'이라는 욕은 있어도'아(빠)창(놈)'이 라는 욕은 없다. 영어에서도 'mother fuck(er)'은 있어도 'father fuck(er)'은 없다. 왜 엄마를 창녀로 만들면 상대를 모욕하거나 재미를 담은 욕이 되는 것일까. 워낙 많이 비판받아서 지금은 거의 사라지다시피 했지만 창녀라는 단어는 한때 남성 작가들의 시나 소설 작품 속에 자주 등장하는 단골어였다. '창녀' 없으면 글을 못 쓰나 싶을 만큼 남성 작가들은 시와 소설에 창녀를 우려먹었다. 그 와중에도 온갖 향수와 애절함을 담아 '엄마'라는 단어를 불러와 글을 쓰곤 했다. 나는, 남자들이 쓴 소설에서 정작 나는 만나 보지도 못한 창녀들을 만났고, 내 엄마에게서 한 번도 느껴 보지 못한 숭고한 모정을 경험했다. 말하자면 엄마와 창녀는 남성 문학을 이루는 양극의 단어들이었다. 그런 두 단어가 나란히 붙어서 동시에 두 여성을 후려치는 욕으로 발전해 버린 것이다. 어른 남자들의 행태는 재미와 관용이라는 허울로 고스란히 아이 남자에게 전승되었다. 여름에 창문을 열고 있노라면 집 앞을 지나가는 남학생들이 별별 욕을 하면서 지나가는 걸 예사로 들을 수 있었다.

영화에서도 저런 욕들을 차지게 뱉으면 연기 잘한다고 남배우들에게 칭찬을 퍼부었다. 얼마나 칭찬할 게 없으면 욕 잘하는 연기를 추켜세울까. 이름난 팟캐스트의 남성 진행자는 "쫄지 마, 씨바"를 줄기차게 연호한다. 애청자들은 '씨바'를 응원구처럼 사용하며 화답한다. '성교하다'라는 뜻의 '씹할'이 씨팔로, 씨팔에서 씨발로, 씨발에서 씨바로 연음화 또는 연성화되면서, '씨바'는 시나브로 욕 축에도 못 드는 예사말이 되었다. 그들 말마따나 여자, 엄마, 개를 빗대 욕하는 것은 만방 모든 언어에서 나타나는 현상이니 대수로울 것도 없었다.

2

넷플릭스에 〈욕의 품격〉이란 시리즈가 있다. 어쩌다 '품격'이란 고상한 한국어가 붙게 되었는지는 모르나, 원제는 '욕의 역사History of Swear Words'다. 이 시리즈는 욕의 뜻, 욕의 어원, 사용 예시, 사회적 규제와 용법의 변화에 이르기까지, 욕에 관한 모든 것이 총망라되어 있다. 내레이션을 맡은 니콜라스 케이지가 실감 나게 욕들을 구사하는 장면으로 시작하는 코미디이지만 저명한 사전 편찬자, 언어학자, 페미니스트, 젠더 연구자, 인류학자 등이 등장해 욕 표현들을 꽤 심도 있게 인문학적으로 분석한 다큐멘터리다.

〈욕의 품격〉은 fuck, shit, bitch, dick, pussy, damn 까지 6개의 대표적인 서양 욕을 다룬다. 인간의 성행위, 인간의 변, 인간의 성별, 인간의 성기, 인간의 감탄사가 욕이 되는 과정과 용례가 속속들이 펼쳐진다. 특히 세 번째 에피소드에서는 발정 난 암캐를 가리키는 'Bitch'라는 단어가 어떻게 변질되어 여성을 모욕하는 욕이 되었는지 다룬다. 프로그램에 등장하는 한 페미니스트 교수는 "비치는 여성을 무력화하는 수단"이며 "힘을 뺏으려는 시도이자 말을 못 하게 입을 막으려는 시도"라고 말한다. 욕을 연구하는 인지과학자는 남자를 비치라고 부르는 건 "남자를 모욕하면서 여자를 싸잡아 모욕"하려는 의도이며, 이는 "결국 모두를 맞히는 총과 같은 단어"라고 일갈한다. pussy도 그렇다. 고양이를 가리키는 단어 pussy는 여자의 성기 혹은 (성교 대상으로서의) 여자를 지칭하는 속어가 되었다. 그래서 남자가 여자에게 푸시라고 말할 때는 욕이 되지만, 여자가 여자에게 애정을 담아 쓸 때는 원래 뜻인 고양이처럼 도도하고 멋진 여자가 된다.

흥미로운 것은 'Bitch'가 이제 여성이 스스로를 가리키는 말로 사용되고 있다는 점이다. 여성을 비하하는 이런 단어들을 여성 스스로 혹은 여성들이 서로에게 응원하는 말로 사용함으로써 본래의 의미를 유쾌하게 전복해 내고 있다. 한국에서도 쌍년, 잡년 등 여성 혐오의 성격을 띠는 욕들이 당당하고 자유롭고 거침없는 '걸크러시'를 가리키는 말로 사용되기 시작했다. 민서영 작가는 《쌍년의 미학》에서 '쌍년'을 "자신의 욕망을 남의 시선보다 우선시하는 여자"로 정의하면서, 여성을 모욕하는 욕을 여성이 전유해 발화하면 사회적으로 여성에게 강요되는 이미지로부터 얼마나 자유로워질 수 있는지를 보여 준다. 성소수자에 대한 멸칭으로 사용되었던 '이상한', '괴상한'이라는 뜻을 가진 '퀴어queer'가 성소수자들이 스스로를 지칭하는 용어로, '여성적 특징'을 뜻하는 '페미니즘feminism'이 여성의 권리, 나아가 성평등을 뜻하는 개념으로 의미의 전복 혹은 확장이 일어난 것처럼 말이다.

국내에도 욕을 주제로 한 책이 여럿 나와 있다. 한국학자 김열규의 《욕, 그 카타르시스의 미학》은 욕의 탄생 배경과 더불어 욕이 가진 언어·심리·문화적 역할을 톺아보는 책이다. 저자는 여성을 향한 욕은 낱말 차원의 형용사에서부터 시작한다면서 요망한, 간사한, 간특한, 간악한, 발칙한, 추잡한, 방정맞은, 부정 타는, 시끄러운, 잡스런, 교활한, 경망한, 수다스런, 꼬리치는 등의 단어를 예시로 들었다. 여성의 외모나 행동을 부정적으로 표현하는 부사들에는 배시시, 게슴츠레, 알랑알랑, 비죽비죽 등이 있다.

이렇듯 비속어가 아닌 표준어에도 여성을 비하하고 왜곡하는 표현들이 수두룩하다. 여성 전용이라 해도 될 만큼 여자들을 가리킬 때 주로 쓰이는 이러한 단어들은 마치 여성의 본래 특질이 그런 것인 양 호도하여 여성에 대한 부정적 스테레오타입을 만든다.

한국에서 욕을 해도 욕먹지 않는 여자라야 '욕쟁이 할머니' 정도밖에 없을 것이다. 그런데 섹슈얼리티가 희미해진 나이 든 여성들에게만 허용되던 욕의 세상에 젊은 여성이 등장했다. 배구선수 김연경이 경기 도중 자신의 실수를 자책하며 욕을 하는 모습이 우연히 카메라에 잡혔는데, 대중은 비난하기는커녕 열렬히 환호하며 '식빵'으로 알아서 순화해 감싸주기까지 한 것이다. '식빵 언니'라는 별명까지 갖게 된 김연경 선수가 유명 제과업체의 식빵 광고의 모델로 나오는 것까지 보고 있자니 그야말로 격세지감이라는 생각이 든다.

그동안 여성들은 욕을 듣는 객체였지 주체였던 적이 없다. 하지만 '욕쟁이 할머니'에서 시작해 책 제목에 '쌍년'을 붙이는 '여성 작가'를 거쳐, 힘세고 멋진 '여자 운동선수'까지, 유쾌하고 전복적으로 욕의 주체가 된 여성들을 지켜보는 일에는 얼마간의 쾌감이 있다.

이런 현상이 긍정적이라는 말은 아니다. 다만 비치나 푸시 같은 단어를 되받아치면서 여자 스스로 사용함으로써 힘을 가진 언사로 탈바꿈해 낸 것처럼, 우리나라 여자들도 남자들에게 단지 여자라는 이유만으로 욕설을 들었을 때 위축되거나 겁내지 말고 차라리 공격을 되돌려 주는 능력을 발휘하면 좋겠다는 말이다.

3

2017년 10월 경향신문은 "'엄마'를 욕하며 노는 아이들… 교실이 '혐오의 배양지'가 되었다"라는 제목의 기사를 실었다. '혐오를 넘어'라는 주제로 한국 사회의 혐오 문화를 전반적으로 살펴보고 대안까지 모색해 보는 기획 기사의 하나로, 한국 사회 축소판이라 할 수 있는 교실에 난무하는 혐오 표현이 줄줄이 소개되었다. 아이들이 주로 욕의 소재로 삼는 이들이 장애인, 여성, 이주민, 성소수자 등 사회적 약자들이라는 사실은 문제가 심각해 보였다. 특히 학교 안팎에서 아이들이 가장 흔하게 입에 올리는 욕이 '엄마'와 관련이 있다는 사실에 분노와 함께 깊은 슬픔이 잇달아 왔다.

"'니애미'는 추임새 같은 거예요. 누군가 흐름에 안 맞는 말을 할 때 '니애미~' 하면서 중간에 말을 끊는 식이죠." 중학교 1학년 김영진 군(13·가명)은 말했다. 누군가 실수를 하거나 잘못을 할 때는 "애미 터졌냐(인성이 나쁘다는 뜻의 '인성 터졌다'와 비슷한 말)"며 면박을 줬다. 엄마를 비하하는 말인 '니애미'는 교실에서 가장 '핫'한 욕이

다. "남자아이들 사이에는 서열 같은 게 있잖아요. 서열
이 낮은 애들은 아예 엄마 이름으로 불려요. 엄마 이름
이 영희면 '야 영희야~' '영희 너검(너희 엄마)' 이런 식
으로요". 같은 반 이희진 양(13·가명)이 말했다. '니애미,
느금마, 엠창….' 초·중·고등학생들은 모두 이런 표현
이 익숙하다고 했다."

아직 솜털 보송보송한 십 대들이 자신의 엄마, 친
구의 엄마를, 강력한 혐오 표현의 재료로 거리낌 없이
익숙하게 쓰고 있다는 사실에 기가 막혔다. '느금마', 너
희 엄마라는 말이 그 자체로 욕이 되어 버리는 상황이
아연했다. '패드립'('패륜적인 애드리브'의 줄임말) 놀이는
요즘 교실에서 어렵지 않게 볼 수 있는 풍경이라고 한
다. 초등학생들조차 친구 사이에서 사용하는 최고의 욕
이 '엄마'를 소재로 만들어지는 현실이라니, 슬픔을 넘
어 무력감마저 느껴졌다.

'패드립' 욕설의 대부분이 한집에 사는 아빠가 아
닌 엄마를 향하는 까닭은 아이들이 집 안에서 가장 많
이 접촉하고 부딪치는 사람이 엄마이기 때문이라는 일
각의 분석은 분석 자체가 민망했다. 그보다는 여성에
대한 혐오가 공기처럼 퍼져 있는 사회적 분위기, 욕하
는 것이 '쿨'하다는 인식 같은 것들이 교실에서조차 엄

마에 대한 혐오를 아무렇지 않게 드러내도록 부추기는 것일 테다.

어쩌다 엄마라는 존재 자체가 욕이 되는 세상이 되었을까. 언어는 권력이며 오랫동안 이 언어 권력의 주체는 남성이었다. 욕도 언어의 일부이므로 당연히 권력 주체의 생각과 견해가 깃들 수밖에 없다. 따라서 욕이야말로 다른 어떤 언어보다 정치적이며, 발화자의 욕망이 적나라하게 혹은 뒤틀려서 작용한다. 남성이 만들어내고, 사용하고, 널리 전하는 욕은 남성 중심의 담론(가부장제와 여성 혐오)이 가장 효과적으로 짧게 압축된 언설이다. 문제는 그 파급력이 엄청나게 빠르고 광범해서 손쓰기가 어렵다는 것이다. 이런 욕이 일상에 자리 잡으면 어린아이는 물론 여성 스스로도 여성 비하와 차별의 의미를 내면화하기 쉬워진다.

엄마와 관련된 충격적인 욕들이 많지만, 나를 가장 서글프게 하는 욕은 '맘충'이다. 엄마와 벌레를 나란히 놓는 말. 사람을 벌레로 비유해 짓밟아서 슬픈 것이 아니라 엄마의 노동을 완전히 삭제하고 무시하는 조어이기 때문에 서글프다. 저 단어는 드러나지 않고 보이지 않는다고 엄마들의 수고로운 시간은 애초에 없는 것인 양 만들어 버렸기 때문에 더 나쁘다. 아이와 함께 집에 있으면 '노는 사람'이 되고, 우는 아이 달래려고 혹은 잠시 바람이라도 쐬려고 집에서 나오면 대뜸 '벌레'로 눈에 띈다. 아이 데리고 카페 들어가 커피 한잔이라도 마시려면 갖은 모욕적인 말들이 쏟아진다. 새끼를 돌보는데 몸과 마음과 시간을 온통 쏟다가, 잠시 잠깐 내 몸과 마음을 다독거리기 위해 짬을 내면 시선이 곱지 않다. 아이러니한 건 정작 엄마가 진짜 짐승 같고 벌레 같은 시간을 보내는 동안에는 아무도 비난하지 않는다는 사실이다. 목숨 걸고 피를 쏟아 내며 아기를 출산할 때, 잠 못 자며 밤낮으로 수유할 때, 아이 똥 기저귀 갈고 먹이고 씻기고 업어 재우며 서성일 때. 그렇게 보이지 않는 곳에서 진짜 벌레처럼 고군분투할 때는 잠잠하다가, 바깥세상으로 나와 당신들 눈에 뜨이는 순간 '벌레'라고 손가락질한다. 맘충이란 말이 모든 엄마를 욕하는 게 아니라는 것쯤은 안다. 제 아이밖에 모르는 몰염치하고 이기적인 엄마를 지칭하는 말이라는 허름한 주장도 안다. 설령 그렇다 해도 엄마라는 존재는 그저 눈에 띄지 않아야 제자리를 지키는 사람이라고 판단하는 시선은 서글프다.

인류학자 김현경은 《사람, 장소, 환대》에서 "모욕은 존엄을 공격할 뿐 아니라, 실제로 그것을 무너뜨린다"고 말했다. 엄마를 소재로 하는 모욕적인 욕설을 다

—

수가 사용하고 일상이 된다면 어느 여자가 그런 부당함과 위협을 감수하면서까지 엄마가 되려고 할까.

> "누가 나를 돼지라고 부른다 해서 내가 정말 돼지가 되는 것은 아니다. (……) 나를 돼지라고 부르는 사람이 한 명뿐이라면 나는 그를 무시해 버릴 수 있다. 하지만 하나둘 그에 동조하는 사람이 늘어나고 마침내 나를 둘러싼 모든 사람이 나를 돼지라고 부르기 시작한다면, 나는 실제로 돼지가 된다."
>
> ─ 김현경,《사람, 장소, 환대》

엄마를 '벌레' 취급하는 이들은 정녕 잊어버린 것일까. 그들 역시 그 벌레의 몸속에서 열 달간 머물렀다는 것을. 그 벌레의 지극한 보살핌이 아니었다면 지금 숨 쉬고 살아 있을 수조차 없다는 사실을.

독獨

'혼자가 되는 집'에서 혼자 생각한 것

1

　서울은 봄의 시작. 제주는 봄의 한복판. 4월 12일 3시 제주공항에 도착했다. 캐리어를 끌고 관광안내센터와 렌터카 접수처가 나란한 청사 안을 슬쩍 훑어보았다. 제주공항 올레 안내소는 아직도 운영하고 있을까. 몇 년 전 제주에서 혼자 살 때 나는 거기에 하루 여덟 시간씩 앉아 있었다. 3개월인가 4개월인가, 올레 안내소 직원으로 일하면서 출입국 게이트를 빠져나오는 사람들에게 올레 코스를 안내했다. 외국인에게는 짧은 영어로 올레 코스를 추천해 주거나 영어로 된 브로슈어를 내어 주고, 내국인에겐 관광지 위치를 알려 주거나 천으로 만든 말 모양 간세인형이며 손수건, 넥워머 따위를 팔았다. 그 무렵 펴낸 내 책《트래블 테라피》를 들고 오는 이에게는 '해브 어 나이스 데이'라고 사인도 해 주고 멋쩍게 인사도 했다. 남쪽 서귀포에서 빨간 리무진 버스를 타고 공항으로 출근한 뒤 막차를 타고 퇴근했다.

———

푸르스름한 팻말은 여전히 같은 자리에 있었다. 나보다는 젊어 보이는 여자가 그곳에 앉아 무언가를 읽고 있는 모습이 눈에 들어왔다.

공항을 빠져나와 곧장 택시 승강장으로 향했다. 기다렸다는 듯이 내 차례의 택시가 온다. 타자마자 대뜸 〈올레국수〉로 가자고 했다. 고기국수 한 그릇에 한라산소주를 마실 거야. 그러나 오늘은 일요일. 택시기사는 난색을 표하면서 올레국수는 일요일엔 쉰다고 했다. 그는 이리저리 전화를 돌리며 수소문하더니 일요일에도 문을 연 〈자매국수〉 앞에 데려다주었다.

가게 문을 열자마자 익숙한 냄새가 훅 끼치며 코를 뚫고 들어왔다. 습기 가득한 실내, 국수 삶는 냄새, 돼지고기 냄새. 4인용 테이블에 혼자 자리를 차지하고 앉자마자 한라산소주 한 병과 고기국수 한 그릇을 시켰다. 밖에는 비가, 봄비가 부슬부슬했다. 창밖을 내다보니 기사는 가게 앞에 느긋하게 택시를 대 놓고는 창문 안 나를 흘깃 쳐다보면서 기다리고 있었다. 국수 한 젓가락에 소주 한 잔, 고기 한 점에 또 한 잔, 국물 한 수저에 또 한 잔.

제주에서 갈팡질팡 살 때 그 맛을 알게 된 제주 고기국수의 두툼한 국수 면발과 눅진한 뜨거운 국물이 마른 입술을 적셨다. 절절하고 달달하게 반병 넘게 소주를 마시고서야 남은 술 반병을 배낭에 넣고 만두 한 그릇을 포장해 들고나왔다.

택시 안에서 남의 집 비밀번호 12161216을 되뇌고 되뇌었다. 이윽고 내가 머물 숙소 앞에 도착했다. 애월읍 납읍리 마을의 끝집, 끝인가 싶은 집에서도 더 들어간 진짜 끝집, 혼자가 되는 집. 돌 틈에 박혀 있는 빨간 우체통과 하얀 사각 간판에 까만색 글씨로 정갈하게 적힌 집 이름을 옆에 선 택시기사가 한참을 쳐다봤다. 혼자가 되는 집? 혼자가 되는 집이라. 이 집에 혼자 묵어요? 빗방울처럼 선득하게 서늘한 목소리라 여릿한 취기가 확 깨는 듯했다. 아니라고 했다. 주인이 살고 있고요, 친구도 이따 올 거예요. 주섬주섬 덧붙였다. 혼자가 되는 집이라, 혼자만 있어야 되는 집인가, 이름을 이상하게도 지어 놨네. 갸웃갸웃하던 기사가 떠나자 4월의 봄비가 거짓말처럼 딱 그쳤다. 돌담에 봄볕 황혼이 스며들었다. 삑삑삑삑. 정곡을 누른 문이 순하게 열렸다. 작은 집. 있을 것은 반드시 있는 작고도 큰 돌집 노란 테이블에 만두를 내려놓고 등받이 없는 소파에 앉아 봤다. 이러려고 왔으니까. 온전히 혼자가 되려고. 소파에 자리 잡고 앉아야만 볼 수 있는 벽 쪽에 3월 달력 한 장, 4월 달력 한 장과 그림엽서가 붙어 있었다. 편지 한 장

—

도 함께. 이 집 주인이 손님에게 써 놓은 인사이자 자기소개였다.

창이 많은 노란색 벽과 분홍 지붕으로 된 집이 그려져 있는 3월 달력엔 '구짝걸어가민'이라 쓰여 있었다. 4월 달력에는 '보름도본본'이라고 쓰여 있고 하얀 벽에 빨간 지붕을 얹은 집 한 채가 그려져 있었다. 제주의 캘리그래퍼 이강인 작가가 만든 제주어 달력이었다. '구짝걸어가민'은 '곧장 걸어가면'이란 뜻이고, '보름도본본'은 '바람도 잔잔히'라는 말이다. 5월, 6월 달력은 붙어 있지 않았다.

4월 달력에서 이 집에 묵을 열흘의 날짜를 만져 보았다. 오자마자 나갈 날짜를 헤아리는 마음이라니. 하얀 종이로 된 편지 한 장을, 집주인이 써 놓은 글을 읽었다.

제 나이 오십이 넘으면서 생각했어요. 더 이상 누군가의 딸, 아내, 엄마, 며느리가 아닌 '나' 자신으로 살아야겠다고 말이죠. 그렇게 나를 찾아 떠난 여행에서 이토록 아름다운 제주를 만났습니다. 그리고 자연과 더불어 여성들과 함께 멋진 노년의 삶을 보내고 싶은 저의 오랜 꿈이 떠올랐어요. 난생처음 혼자만의 시간을 만끽했던 저는 어쩌면 우리에게 필요한 것은 오직 자신을 위한 시공

———

간일 수 있겠구나 하는 생각에 〈혼자가 되는 집〉을 만들게 되었습니다. 고단했던 모든 역할에서 벗어나 진정 나를 위한 시간을 이곳에서 누리시기 바랍니다.

보랏빛 꽃잎 다섯 장이 달린 꽃 한 송이 그림 옆에 집주인의 이름과 하트 하나가 도장처럼 찍혀 있었다.

툭, 아니, 쿵, 어디에 붙어 있었나, 위치도 몰랐던 마음의 어느 부분이 내려앉았다. 위에서 조금 아래로, 배의 바닥쯤 어디께로.

널찍한 테이블 하나, 천을 씌운 아담한 소파, 벽에는 저 편지, 왼쪽으로 난 작은 창엔 파랑과 초록빛 조각보 커튼이 드리워져 있다. 저쪽, 본채가 사선으로 보이는 큰 창으로는 맥문동인가, 라벤더인가 보랏빛 꽃대가 눈에 들어왔다. 초록 잎가지 위에 하얀 카라꽃이 빗물을 받아 반짝였다. 벽 뒤는 침대 하나가 맞춘 듯이 놓여 있었다. 시트가 새하얗고 가지런했다. 나무 테이블에는 연필꽂이와 필수 생활용품이, 부엌 선반에는 차와 그릇이 자리를 잡았다. 가만히 편지를 쳐다보면서, 누가 뭐랄 이도 없는데 소리 죽여 자매국수에서 가져온 술병을 꺼냈다. 정갈한 컵 하나 가져와 남은 술을 한꺼번에 따랐다. 쿵 떨어진 마음의 보이지 않는 조각 하나가 부러움이었는지 면구쩍음이었는지 자세히 들여다보지 않

—
185

왔다. 떨어질 만하니까 떨어졌겠지.

마당으로 나갔다. 세 개의 버팀목이 지지하고 있는 나무에 새잎이 돋고 있었다. 벚나무는 분홍 꽃들이 만개해 있다. 점점이 붉은 꽃, 작은 풀들이 마당에 편안하게 자리를 잡았다. 나무 이름도, 꽃 이름도 잘 모르는 나는 상추나 깻잎이나 쑥갓이 아닌 꽃으로 가득한 마당이 조금은 신기했다. 혼자가 되는 집 마당은 뜯어 먹을 식재료를 키우는 텃밭이 아니라, 철철이 피는 꽃들만 볼 수 있는 작은 꽃밭으로 꾸려져 있었다. 문 옆에는 해가 지면 저절로 켜지는 노랗고 둥근 등이 달려 있었다. 아무도 없는 본채의 툇마루에 잠시 앉아 보았다가 비 그친 숲길로 걸어갔다. 죽은 나무 한 그루가 시선 끝자락에 서 있었다. 멀리서는 농사짓는 사람들이 보였다. 뭘 수확하는 걸까. 무인가, 당근인가. 내처 숲으로 난 길을 따라 올라갔다. 4월이니까 제주 고사리가 나왔을까 눈여겨보며 걸었다. 몇몇 해 봄에 고사리를 뜯던 기억, 이 숲길에 고사리는 하나도 보이지 않았다.

숙소로 돌아오니 어느덧 밤. 슬립 타이트. 혼자 중얼거리며 밤 인사를 했다. 사방이 고요했다. 잠이 오지 않았다. 작은 책꽂이에 꽂혀 있는 책 가운데《당신이 옳다》를 꺼내어 옆에 두고 앉았다. 펼쳐 보지는 않고 노트북에서 영화 목록을 뒤져 〈크레이머 대 크레이머kramer

——

Vs. kramer〉를 틀었다. 아이를 두고 두 남녀가 법정 싸움을 하는 옛날 영화다. 아내 조안나의 불안, 그 여자의 불만, 그 여자의 결정. 일만 사랑하는 남편과 어린 아들을 남겨 둔 채 자신의 인생을 찾아 집을 떠난 조안나는 18개월이 지나서야 집으로 돌아와 아들을 데려가겠다며 양육권 소송을 제기한다. 출산과 육아로 경력이 단절된 그녀가 느꼈을 위기감을, 광고회사에서 승승장구하는 남편을 바라보면서 겪었을 상실감을, 집안일을 하고 아이를 돌보면서 불쑥불쑥 치솟았을 우울과 불안감을 떠올려 보았다. 그리고 마침내 그녀가 승소하는 걸 가만히 봤다. I was not a failure. 조안나가 두 눈 가득 눈물을 흘리는 장면에서 정지 버튼을 눌렀다. 여기 온 건 그저 혼자가 되고 싶어서였다. 일거리는 아무것도 가져오지 않았다. "여자가 오십이 되면 혼자만의 집에서 혼자가 되어 봐야겠지요." "나는 실패자가 아니에요." 소리 내어 말해 보았다.

2

　　다음 날 아침 파란 하늘을 올려다보면서 숲속 끝까지 걸어갔다 왔다. 또 다른 하루는 동네 한 바퀴를 걸었다. 제주 명물이라는 분홍 막걸리도 마셨다. 하루는 멀리 애월 바닷가로 나가 커피를 사 마시고 〈몽상 드 애월〉이라는 카페 구경을 했다. 한담 해변을 걸었고 두세 시간 바다를 하염없이 바라봤다. 길을 걷다가 파랑 주황 올레길 표시 리본이 걸려 있는 나무를 보았다. 끝물 노랑 유채꽃을 보았다. 4·3 때 쌓은 유성遺城을 옆에 두고 걸었다. 버스 안내판을 이리저리 살피다가 옹포리, 협재, 저 멀리 비양도까지 가 봤다. 아직 차가운 바닷가에서 마스크를 피부처럼 붙인 예닐곱 살쯤 된 아이들이 맨발로 뛰어노는 걸 봤다. 뚝딱 찍은 사진도 예술 사진처럼 근사하게 나왔다. 집으로 걸어오는 길에 딱 따 먹기 좋게 열린 두릅나무 순을 봤다. 손만 내밀면 어렵지 않게 딸 수 있을 것 같았으나 따지는 않았다. 리 사무소 벼룩장터에서 물에 뜨는 현무암 돌 한 개를 집었다. 무인함에 천 원을 넣고 가져왔다. 굳은살 생긴 뒤꿈치를 밀어 볼 요량이었다.

"내 고통에 진심으로 눈을 포개고 듣고 또 듣는 사람, 내 존재에 집중해서 묻고 또 물어 주는 사람, 대답을 채근하지 않고 먹먹하게 기다려 주는 사람이라면 누구라도 상관없다. (……) 그 '한 사람'이 있으면 사람은 산다."

혼자가 되는 집에서 오롯이 혼자가 되어 펼쳐만 두었던 《당신이 옳다》를 읽었다.

—

〈36.5도 여름〉 남쪽점에서 볶음우동에 맥주 한 잔, 썸머 쉬림프에 맥주 한 잔, 나폴리탄 스파게티에 맥주 한 잔으로 하루 한 끼, 사나흘 끼니를 그렇게 먹었다. 홍대 앞에는 〈36.5도 여름〉 동쪽점이 있다고 했다. 그림을 그리는 여자와 지난날 영화를 만들었다는 남자는 여기 애월에 자리 잡은 뒤 5년 동안 집을 고쳐 이 카페를 열었다고 했다.

닷새쯤 지나서였나, 삼십 년 넘게 소식이 끊겼던 여고 때 친구가 연락을 해 왔다. SNS에 올린 글이 그 친구에게까지 닿은 모양이었다. 그 사이 친구는 건축가가 되어 있었고 제주 소길리에 손수 집을 한 채 지어 놨다고 했다. 언제라도 머물 수 있으니 혼자가 되는 집에서 나오게 되면 자기 집에 가서 머물라고 초대해 줬다. 삼십 년 세월 동안 단 한 번도 만나지 못한 친구가 지었다는 집을 찾아가 보았다.

친구 집은 크고 넓고 아름다웠다. 1층은 남에게 빌려주고 2층은 자신이 한두 달에 한 번씩 들러서 별장처럼 쓴다고 했다. 친구 집은 '소길리 하우스'라는 간판을 달고 있었다. 빨간 우체통 하나, 노란 털을 가진 개 한 마리, 파란 바람개비가 대문 없는 입구에 있었다. 그림 같은 집이었다. 마당 한쪽에 셀러리가 무성하기에 몇 줄기 꺾었다. 친구네와 친하다는 옆집 어르신이 집에서 키우는 닭이 낳은 푸르스름한 달걀과 제주 돼지 삼겹살을 주었다. 소길리 하우스 언덕에는 고사리가 지천이었다. 통통한 고사리도 한 줌 꺾었다.

먹을거리를 한 아름 얻어 안고 집까지 가는 버스 정류장을 향해 걸었다. 웬일인지 걷는 사람도, 혼자인 사람도 나밖에 없었다. 평범한 이 동네는 가수 이효리가 살아서 유명해졌지만, 이제 그녀는 여기 살지 않는다. '정감이 흐르는 풋감 마을' 간판 밑에 붉은 글씨 현수막이 걸려 있었다. "동물 화장 및 납골 시설 결사반대!!! 청정 마을에 동물 화장장이 웬 말이냐!!!" 저런 현수막은 고즈넉한 마을마다 걸려 있기 일쑤다. 요양원 결사반대. 화장장 결사반대, 보육원 설립 반대, 특수학교, 장애인 시설 반대, 반대, 반대, 결사반대. 웬 말이냐, 웬 말이냐.

웬 말이겠나, 아픈 사람, 늙은 사람, 보살핌이 필요한 아이들, 개나 고양이 모두 같이 잘 살다 잘 죽자는 이야기지.

차가 없으니 친구 집에 갔다가 돌아오는 길이 생각보다 고되었다. 내가 탄 버스를 마지막으로 버스는 끊겼고 섬은 깜깜한 어둠 속에 잠겼다.

쓸쓸하게 돌아와 연초록 청계알에 셀러리를 잘라 넣고 햇고사리 삶아서 조용하게 밤참을 먹었다. 혼자가

—

되는 집에서 당연히 혼자인 채로. 열흘이 지나면 친구 집에 머물러야지, 가만히 생각했다.

남은 며칠 중 하루는 한림항을 찾아갔다. 단체 손님들 주로 오는 커다란 횟집에서 고등어회를 주문했다. 6인용 테이블에 앉아 소주도 한 병 달라고 했다.

"혼자 드시겠어요? 1인분은 팔지 않아요."

2인분을 달라고 했다.

"다 드실 수 있겠어요? 세트로 나올 텐데요."

다 못 먹으면 싸 가겠다고 대답했다. 여기저기 앉은 이들이 혼자 앉아 고등어회 한 판을 앞에 놓고 소주 마시는 여자를 안 보는 척 슬쩍슬쩍 쳐다봤다. 회는 남기지 않았다. 일부러 밑반찬까지 싹싹 먹고 흔들흔들 돌아와 깊은 잠에 들었다.

다음 날은 게스트하우스를 하고 있는 후배를 만나 금오름에 올라갔다. 고사리를 꺾으려고 큰 가방을 메고 올라가 오름을 뒤졌다. 무덤가에는 고사리가 숱하게 돋아나 있었다. 금세 가방이 가득 차 무덤가에 둔 채 두어 시간을 앉아 있었다. 검은 돌담이 둘러쳐진 무덤 사이에서 4월의 따뜻한 햇볕을 쬐면서 꾸벅꾸벅 졸았다. 숙소에 돌아와 고사리를 삶아 널었다. 떡국 떡을 사 와서 고기 대신 햇고사리를 넣어 고사리 떡국을 끓여 먹었다.

며칠 머무는 사이 제주에 사는 후배가 왔다 가면서

핸드메이드 낑깡차와 자연산 쑥차 한 병을 주고 갔다. 한 친구는 와서 잠깐 울다가 갔고, 또 한 친구는 오랜만에 만나 반가웠다가 싸우고 돌아갔다. 혼자가 되고 싶다고 혼자서 살 수 없는 일. 지난 인연들이 이어지고 끊어지고 옹이가 풀리고 박히는 날들이 이어졌다.

〈혼자가 되는 집〉을 나가고 들어올 때마다 사진을 찍었다. 할 일이 그것뿐인 것처럼. 세탁기를 서너 번 돌리고 마당에 수건을 널고는 똑같은 방 풍경을 자꾸만 찍었다.

하루는, 꽃들만 조용하던 마당에 검은 고양이 손님이 찾아왔다. 털이 온통 검은 고양이는 빨간 목줄에 이름을 달고 있었다. '집사 있는 고양이 쿠로'. 쿠로는 일본어로 검은색이라는 뜻이다. 집사 있는 고양이 쿠로는 당당하게 내가 마시는 커피를 슬쩍 냄새 맡고 내가 읽는 책을 흘낏 쳐다봤다. 대체로 무심하고 전적으로 고요한 쿠로가 제 맘대로 찾아와 마당을 어슬렁거리다가 소리 없이 돌아가던 시간. 아무것도 탐하지 않고 검은 빛으로 홀로 반짝이는 고양이 손님이 반가웠다. 마당에서 몸을 길게 늘여 기지개를 켜거나 뒹굴뒹굴 구르고 있는 쿠로를 경이롭게 바라보았다. 휴대폰 사진첩이 온통 쿠로의 몸짓으로 새까맣게 가득 찼다.

처음 온 날부터 매일 무언가를 뽑던 사람들이 수확

—

한 것은 쪽파였다. 뽑아서 가지런히 뉘어 놓은 쪽파밭에서 파 향기가 흘러나왔다.

　자그마한 침실의 침대는 푹신하고 정갈하고 안온했으나 어둠이 찾아온 밤에는 조금 무섭기도 했다. 본 적도 없는 귀신이 찾아올까 무서운 것인지, 여기 내가 혼자 있는 것을 알아챈 누군가가 올까 봐 무서운 것인지, 그도 아니면 세상 끝인 듯한 집 침대에 누워 있는 내 몸이 무서운 것인지 알 수 없었지만, 동그랗게 몸을 말고 누운 내 몸의 윤곽을 누군가 저 위에서 내려다보고 있는 것만 같은 서늘한 밤들이 이어졌다.

3

　인터넷 서점에서 얼마 전에 나온 내 책을 몇 권 주문했다. 소길리하우스 옛날 친구, 달걀과 고기를 주신 친구네 옆집 어르신, 옹포리에서 서점하는 후배에게 한 권씩 줄 요량이었다. 바닥에 붉은 핏덩어리처럼 뚝뚝 떨어져 있는 동백꽃을 몇 송이 주웠다. 마지막 날 납읍리 사무소에서 시작하는 올레 15코스를 걸으러 나갔다. 금산공원을 넘어 마늘밭 보리밭 양파밭을 끼고 하염없이 걸었다. 올레길 화살표를 따라 고내 포구에 도착할 때까지 사람 하나 만나지 않았다. 아무도 없는 길에서 향긋한 송순 몇 개를 따 와 송순주를 담갔다. 금귤

—

몇 개를 얻어 와 흑설탕 한 봉지를 사다가 차를 담갔다.

고작 열흘 머물 남의 집에서 일 년치 부지런을 떨었다. 이 집에서 몇 달은 살 것처럼 가만히 있지를 못하고 살림살이를 건사했다. 버릇처럼 몸이 절로 움직였다.

아기 키우던 젊은 엄마 시절, 혼자만의 시간을 얼마나 갈망해 왔는지는 다 잊었다. 그때는 그저 남편과 아이들을 떠나 잠시라도 혼자가 될 수 있다면, 혼자 있을 수만 있다면 하는 생각뿐이었다. 오롯이 내가 원하는 일만 하면서 시간을 보내고 싶었다. 혼자가 되어 마음껏 게으름을 피워 보고도 싶었지만, '엄마'라는 이름을 가지게 된 이상 그러기는 어려웠다. 혼자 있고 싶다한들 갈 곳도, 있을 곳도 딱히 없었다. 남편과 아이가 있는 집이 진짜 내 집이었다. 엄마가 아닌 나는 아무것도 아니었던 날들. '진짜 내 집'에서도 나는 마음 편히 한번 쉬어 보지도 못하고 하루 종일 종종거리곤 했다. 오랜 시간 그렇게 살다 보니 부지런은 어느새 습관이 되었다.

나를 필요로 하는 사람이 아무도 없는 혼자만의 집에서도 부지런을 떠는 내 모습이 우스웠다. 그래도 부지런의 양태가 다르긴 했다. 여기서는 순전히 내가 원하는 쪽으로만 부지런했다. 부지런히 먹고 싶은 곳을 찾아가고, 부지런히 가고 싶은 곳을 찾아 걸어 다녔다.

—

부지런히 마시고 싶은 만큼 술을 마셨고, 부지런히 만나고 싶은 사람들을 만났다. 내키지 않는 곳은 억지로 가지 않았고, 하고 싶지 않은 말은 한마디도 하지 않았다. 그러려고 진짜 내 집을 떠나 이곳 '남의 집', 혼자가 되는 집을 택했다. 딸들은 엄마가 가서 묵을 집 이름이 하필 '혼자가 되는 집'이란 것을 탐탁지 않아 했다. 이 이름이 나를 불렀는데도, 이 이름이 아니었으면 여기 오지 않았을 텐데도.

아이들로서는 '엄마'가 '혼자' 되는 것을 싫어할 수도 있었다. 염려하는 마음이 없지 않을 거였다. 그 마음을 왜 모르겠냐마는 나는 '엄마에게도 한시적이나마 혼자가 되는 시간이 필요하다'는 사실을 굳이 드러내 보이고 싶었다.

이 집이 너무 마음에 들어 날이 갈수록 되레 마음이 아파 왔다. 혼자가 되는 집을 갖는 것이 오랜 꿈이었으나 이 집의 진짜 주인은 따로 있으니까. 오십이 되어 집을 지었다는 집주인이 엄마 역할, 아내 역할을 떠나 온전히 혼자 있어 보라고 권한 집은 진짜 내 집이 아니니까. 부지런히 머물다가 열흘이 지나면 가차 없이 비워 주어야 할 남의 집이니까.

혼자여서 좋지만 혼자라서 잠 안 오고 무서운 밤,

—

한참 지난 연예 기사를 읽는다. "결혼은 안 할 건가요?" 배우 김혜수가 말한다.

"상상도 하지 마요. 누군가의 여자로 사는 것도 좋지만 나는 내 이름 석 자를 빛내면서 멋있게 사는 것이 좋아요."

여자들은 언제부터 저렇게 똑똑했을까. 나는 가 볼 생각조차 해 본 적 없는 길을 혼자 당당하게 걸어가는 여자들을 볼 때면 언제나 부럽고 감탄스럽다.

4

12일에 와서 첫 밤을 보내고 정확히 열흘이 지난 22일 아침, 베갯잇과 침대 시트와 욕실 매트를 모두 꺼내 두 번에 걸쳐 세탁기에 돌려 마당에 널어놓고 마르기를 기다렸다. 집을 깔끔하게 정리한 뒤 떠나고 싶었다. 머문 흔적 한 점 남겨 놓지 않으리라. 수건 한 장, 시트 한 장에도 지붕 있는 집 한 채가 그려져 있었고, 집 이름 '혼자가 되는 집'이라는 글자가 새겨져 있었다. 이제 혼자가 되는 (남의) 집을 떠날 시간이 되었다. 혼자가 될 수 있는 시간을 부지런히 써서 없앴다. 친구네 집으로 갈 시간이 되었다. 아직은 서울로 올라가고 싶지 않았다. 거기서 한 달, 적어도 열흘이라도 더 지내기로 마음먹었다.

———

마지막으로 빨래를 걷어 개어 놓고 쓰레기 봉지를 묶어 내놓은 뒤 문을 잠갔다. 현관 비밀번호는 더 이상 기억할 필요가 없다. 친구 집에 도착하면 그녀가 알려 준 그 집 비밀번호를 새로 외워야 한다. 이 집 주인이 나이 오십이 넘어 혼자가 되는 집을 지은 것처럼 나에게도 나만의 집이 있었으면. 나는 오십이 넘은 지도 한참이 지났잖아. 삶아 얼린 고사리며 말린 고사리며 한껏 늘어난 짐을 옆에 세워 놓고 택시를 기다리는데 이곳에 처음 도착한 날처럼 또 뭔가가 쿵 떨어져 내렸다. 왜 이렇게 자꾸 마음이 떨어지는 거지. 바닥이 어디인지도 모르고.

오래전 어느 날, 내 딸들이 어렸던 날, 시어머니가 딸들에게 장난처럼 물었다. "네 껍데기 어디 있는고?" 아이는 알짜배기 알맹이, 엄마는 껍데기란 말인가 보았다. 껍데기, 껍데기. 딸내미가 달려와서 내게 안길 때도 그러셨다. "네 껍데기가 그리도 좋나?" 엄마는 껍데기니까 알맹이인 딸들을 죽을 때까지 보호하고 감싸야겠지. 그렇지만 오늘 이 엄마 껍데기는 조금 허전하다. 나도 껍데기가 필요해, 혼잣말을 했다. 비록 남의 집이나마 온전히 쉴 수 있는 공간이라도.

———

택시 대신 내 곁으로 이름 있고 주인 있는 고양이 쿠로가 다가왔다. 까만 얼굴에 빛나는 눈동자가 물끄러미 나를 쳐다봤다. 검은 아기 고양이야, 안녕. 이름 모를 보랏빛 꽃, 하얀 카라꽃, 민들레와 닮은 노란 꽃, 잔디처럼 가득 깔려 있던 분홍 꽃, 샐비어 같던 빨간 꽃, 싸리꽃 같던 하얀 꽃, 깻잎 같던 풀꽃, 모든 혼자 있던 것들아. 안녕.

인용한 책

- 글로리아 스타이넘, 《남자가 월경을 한다면》, 이현정 옮김, 현실문화, 2002
- 김승희, 《남자들은 모른다》, 마음산책, 2001
- 김승희, 《왼손을 위한 협주곡》, 민음사, 2002
- 김현경, 《사람, 장소, 환대》, 문학과지성사, 2015
- 다이앤 얼리 · 케이 레시, 《자기만의 돈》, 전은지 옮김, 이프, 2003
- 리베카 솔닛, 《남자들은 자꾸 나를 가르치려 든다》, 김명남 옮김, 창비, 2015
- 버지니아 울프, 《자기만의 방》, 이미애 옮김, 민음사, 2006
- 앤 섹스턴, 《밤엔 더 용감하지》, 정은귀 옮김, 민음사, 2020
- 이아림, 《요가 매트만큼의 세계》, 북라이프, 2018
- 정세랑, 《시선으로부터,》, 문학동네, 2020
- 정혜신, 《당신이 옳다》, 해냄, 2018
- 최영미, 《서른, 잔치는 끝났다》, 이미출판사, 2020
- 프리모 레비, 《이것이 인간인가》, 이현경 옮김, 돌베개, 2007
- 헨리 데이비드 소로, 《홀로 천천히 자유롭게》, 박정태 옮김, 굿모닝북스, 2016

페미니즘프레임

05　　**엄마**

———————

엄마가 되기 위해 태어나는 사람은 없다

2022년 3월 25일 처음 찍음

지은이	권혁란
펴낸곳	도서출판 낮은산
펴낸이	정광호
편집	강설애
제작	정호영
출판 등록	2000년 7월 19일 제10-2015호
주소	04048 서울시 마포구 어울마당로5길 16 반석빌딩 3층
전화	02-335-7365(편집), 02-335-7362(영업)
팩스	02-335-7380
이메일	littlemt2001ch@gmail.com
제작	상지사 P&B

ⓒ 권혁란 2022

ISBN 979-11-5525-151-5 03300